AF864970

Kohlhammer

Rat + Hilfe

Fundiertes Wissen für Betroffene, Eltern und Angehörige – Medizinische und psychologische Ratgeber bei Kohlhammer

Eine Übersicht aller lieferbaren und im Buchhandel angekündigten Ratgeber aus unserem Programm finden Sie unter:

https://shop.kohlhammer.de/rat+hilfe

Die Autorin und die Autoren

Roberto D'Amelio, Dipl.-Psych. Roberto D'Amelio arbeitet seit 1996 als Psychologischer Psychotherapeut in der Patientenversorgung am Universitätsklinikum des Saarlandes, mit besonderem Fokus auf der Behandlung von Menschen mit ADHS im Erwachsenenalter.

Wolfgang Retz, Prof. Dr. med. Wolfgang Retz ist Direktor des Instituts für Gerichtliche Psychologie und Psychiatrie an der Medizinischen Fakultät der Universität des Saarlandes. Einer seiner wissenschaftlichen Schwerpunkte liegt in der Diagnostik und Behandlung der ADHS im Erwachsenenalter und den sozialen Folgen von ADHS.

Alexandra Philipsen, Prof. Dr. med. Alexandra Philipsen ist seit 2018 Direktorin der Klinik und Poliklinik für Psychiatrie und Psychotherapie an der Universitätsklinik Bonn. 2009 habilitierte sie zum Thema Ätiologie, Diagnostik und Behandlung der ADHS im Erwachsenenalter.

Michael Rösler, Prof. em. Dr. med. Michael Rösler war von 1999 bis 2018 Leiter des Instituts für Gerichtliche Psychologie und Psychiatrie des Universitätsklinikums des Saarlandes in Homburg. Im Mittelpunkt seiner Forschung steht die ADHS im Erwachsenenalter.

Roberto D'Amelio
Wolfgang Retz
Alexandra Philipsen
Michael Rösler

ADHS im Erwachsenenalter

Strategien und Hilfen für die Alltagsbewältigung

3., erweiterte Auflage

Verlag W. Kohlhammer

3., erweiterte Auflage 2024

Gesamtherstellung: W. Kohlhammer GmbH, Heßbrühlstr. 69, 70565 Stuttgart
produktsicherheit@kohlhammer.de

Print:
ISBN 978-3-17-044563-5

E-Book-Formate:
pdf: ISBN 978-3-17-044564-2
epub: ISBN 978-3-17-044565-9

Inhalt

III Selbstmanagement

Vorwort

Vorab noch einige Informationen zum »optimalen« Einsatz dieses Ratgebers

Stellen Sie sich vor, es würde sich hier gar nicht um einen Ratgeber mit Informationen, Strategien, Übungen, Tipps und Tricks für ein (noch besseres) Leben mit ADHS handeln.

Nehmen wir stattdessen an, Sie hätten beschlossen, ein Restaurant zu besuchen, bei dem ganz viele verschiedene Speisen im Rahmen eines Buffets angeboten werden.

→ Die Frage ist nun, wie verhalten sich Menschen üblicherweise an einem Buffet?

Die meisten Menschen verschaffen sich zunächst mal einen *Überblick* und nehmen alle Speisen in Augenschein, d. h. schauen sich um, ob es überhaupt etwas »leckeres« gibt. Aber wie geht es dann weiter, was landet letztendlich auf dem Teller?

In den meisten Fällen landet nur eine *Auswahl* der angebotenen Speisen auf dem eigenen Teller. Nicht alles schmeckt einem, und »überessen« möchte man sich ja auch nicht (satt essen vielleicht hingegen schon).

Stellt sich nun die Frage, was hat diese Geschichte mit diesem Ratgeber zu tun? Sicherlich sind Sie schon selbst auf die Antwort gekommen:

→ Betrachten Sie diesen Ratgeber mit den hier beschriebenen Strategien, Tipps, Tricks als »Buffet« voller Lösungsvorschläge.

Nicht alles, was Sie hier vorfinden, wird Ihren Geschmack treffen. Deshalb gilt es zunächst sich einen *Überblick zu verschaffen* über die hier vorgestellten Lösungsvorschläge und dann *auszuwählen.*

Tipp:

✓ Wählen Sie von dem großen Angebot nur das aus, was gut und nützlich für Sie ist. Probieren Sie dabei auch mal etwas Ungewohntes oder Neues aus, vielleicht »schmeckt« es Ihnen ja (trotzdem).

Lassen Sie sich dabei von der Frage leiten: »*Welche Lösungs-Strategie könnte gut in mein Leben passen? Bei welcher Lösungs-Strategie sehen ich die größten Chance, dass ich Sie jetzt und mit den zur Verfügung stehenden Mitteln ausprobieren bzw. umsetzen kann?*«.

Tipp:

✓ Machen Sie immer einen Schritt nach dem anderen, d. h. probieren Sie erstmal nur eine Lösungsstrategie aus, bis diese »sitzt«, und gehen Sie erst danach zur nächsten über.

Geben Sie sich die notwendige *Zeit* zur Umsetzung der verschiedenen hier dargestellten Tipps und Lösungsstrategien – Sie alle kennen den Satz: »*Rom wurde auch nicht an einem Tag erbaut!*«.

Bedenken Sie dabei: Perfektion ist eine Illusion – sich (langsam aber sicher) zu verbessern ist realistisch.

Bleiben Sie dran, es lohnt sich!

I Grundlagen

1 Wissenswertes zur ADHS-Symptomatik

Was sind die Ziele und Inhalte dieses Kapitels?

In diesem Kapitel wollen wir Ihnen relevante *Informationen zur ADHS* im Erwachsenenalter geben, mit dem Ziel, dass Sie sich ein (noch besseres) Bild Ihrer ADHS bedingten Schwierigkeiten wie auch Stärken machen können.

Am besten, Sie legen sich schon einmal Schreibmaterial (Notizblock, Textmarker und Kuli) zurecht, damit Sie wichtige Textpassagen markieren und Ihre Fragen, Gedanken und Anmerkungen zu diesem Kapitel notieren können (Arbeitsblatt 1.1 auf S. 24).

1.1 Woran merken Sie, dass Sie ADHS haben?

Wie Sie sicherlich bereits wissen, ist das Kürzel »ADHS« die Abkürzung für das sogenannte: **A**ufmerksamkeits-**D**efizit-**H**yperaktivitäts-**S**yndrom.

Diese wissenschaftliche Bezeichnung nennt bereits zwei Besonderheiten bzw. Kernprobleme vieler Menschen mit ADHS im Erwachsenenalter: die *Aufmerksamkeit* zu steuern und/oder zu halten und eine *Hyperaktivität* bzw. motorische und/oder innere Unruhe.

Manche ADHS-Betroffene geben noch eine dritte Besonderheit bzw. Eigenschaft an: eine mehr oder weniger stark ausgeprägte *Impulsivität.*

Wussten Sie schon?

- Die Aufmerksamkeitsstörung, die Hyperaktivität sowie die Impulsivität werden auch als die drei *Kernsymptome* der ADHS bezeichnet.
- Der Begriff: »Kernsymptom« bezeichnet in der Fachsprache ein bedeutsames Merkmal für das Vorliegen einer bestimmten Erkrankung oder Störung.

Im Folgenden finden Sie eine Auflistung von charakteristischen Problemen von Betroffenen mit ADHS, bezogen auf die *drei Kernsymptome:*

Aufmerksamkeitsstörung

Schwierigkeiten, Gesprächen zu folgen; erhöhte Ablenkbarkeit; Schwierigkeiten, sich auf Aufgaben und schriftliche Dinge zu konzentrieren; Vergesslichkeit; häufiges Verlieren oder Verlegen von Gebrauchsgegenständen.

Hyperaktivität

Gefühl der inneren Unruhe; Unfähigkeit bzw. Schwierigkeiten, sich in Ruhe zu entspannen; Nervosität; Unfähigkeit, längere sitzende Tätigkeiten durchzuhalten (Schreibtischarbeit, Spielfilme ansehen, Zeitung lesen); bei Untätigkeit stets das Gefühl, »auf dem Sprung« zu sein.

Impulsivität

Unterbrechen anderer im Gespräch; Ungeduld; impulsiv ablaufende Einkäufe; Schwierigkeiten, Handlungen nach Plan umzusetzen; Sprechen, Handeln und Entscheidungen, ohne lange über die Folgen nachzudenken; spontane unüberlegte Einkäufe; Probleme, Geld zusammen zu halten; Risikofreudigkeit.

Neben diesen drei Kernsymptomen berichten erwachsene ADHS-Betroffene noch über weitere ADHS-bedingte Auffälligkeiten, wie beispielsweise:

- Schnell wechselnde Stimmungslage (Affektlabilität)
- Leichte Reizbarkeit/Explosivität
- Eine gesteigerte emotionale Empfindlichkeit/erhöhte Stressempfindlichkeit
- Desorganisiertes Verhalten.

Diese oben genannten, möglichen *Nebensymptome* einer ADHS im Erwachsenenalter stammen aus den sog. »Wender-Utah-Kriterien«, bei denen Symptome speziell für ADHS im Erwachsenenalter aufgeführt werden. Sie sind hilfreich, um die Beschwerden und Besonderheiten von Betroffenen im Erwachsenenalter näher zu beschreiben bzw. genauer einzuordnen. Im Folgenden finden Sie eine genauere Beschreibung der oben genannten Nebensymptome:

Schnell wechselnde Stimmungslage (Affektlabilität)

Die Betroffenen berichten, dass bei ihnen schnelle Stimmungswechsel auftreten, zumeist zwischen niedergeschlagener und normaler Stimmung. Die Stimmung kann sehr schnell »kippen«, was von Außenstehenden häufig zu Unrecht als »launisch« bezeichnet wird, denn: die Wechsel zur Niedergeschlagenheit treten in der Regel nicht spontan bzw. unbegründet auf, sondern lassen sich meistens auf einen Auslöser zurückführen. Die niedergeschlagene Stimmung hält gewöhnlich nur für kurze Zeit (mehrere Stunden bis höchstens wenige Tage) an.

Leichte Reizbarkeit/Explosivität

Die Betroffenen berichten von einer erhöhten Reizbarkeit (»Niedriger Siedepunkt«; »HB-Männchen«). Damit ist gemeint, dass man sich bereits bei geringen Anlässen provoziert fühlt (»kürzere Zündschnur«) und dann mit zumeist kurzen, aber in ihrer Intensität heftigen Wutausbrüchen reagiert. Auch wenn diese Wutausbrüche in der Regel schnell wieder abklingen, können sie die sozialen Beziehungen/zwischenmenschlichen Kontakte (z. B. zu Partner, Familie, Kollegen oder Bekannten) erheblich belasten.

Gesteigerte emotionale Empfindlichkeit/Erhöhte Stressempfindlichkeit

Die Betroffenen berichten, dass sie bei Stress wenig belastbar sind, d. h. insgesamt eine niedrige Stressresistenz aufweisen: man wird dann »kopflos« bzw. handelt ohne Plan, des Weiteren können die Gefühle »hochkochen« und man reagiert (leicht) gereizt bis aggressiv auf stressige Ereignisse. Auch alltägliche Erlebnisse, wie beispielsweise der Einkauf in einem Supermarkt (mit Waren- und Menschenmassen) können sehr schnell zur Überforderung führen.

Desorganisiertes Verhalten

Die Betroffenen berichten, dass Sie große Schwierigkeiten haben, ihren beruflichen und privaten Alltag zu organisieren und/oder Abläufe zu koordinieren und Pläne einzuhalten. So werden etwa mehrere Tätigkeiten parallel begonnen, jedoch keine »richtig« zu Ende gebracht. Darüber hinaus schaffen es die Betroffenen oft nicht, Verabredungen oder vereinbarte Termine einzuhalten.

Diese Anhäufung von *MÖGLICHEN* ADHS-bezogenen Problemen kann einen auf den ersten Blick förmlich »erschlagen«. Die gute Nachricht in diesem Zusammenhang aber ist:

Wussten Sie schon?

- Betroffene mit ADHS sind üblicherweise »Lebens- und Überlebenskünstler« und haben eine lange Erfahrung, Probleme zu meistern sowie Schwierigkeiten zu überwinden.

Deshalb weist kaum ein ADHS-Betroffener all diese Symptome auf, da er bereits viele der oben genannten Probleme und Schwierigkeiten »in den Griff« bekommen hat.

Deshalb nun (endlich) zurück zum Thema dieses Kapitels:

Denkaufgabe

Woran merken Sie, dass Sie ADHS haben?
Um diese Frage zu beantworten, können Sie sich beispielsweise fragen, ob bzw. welche der oben genannten *drei Kernsymptome* (Aufmerksamkeitsstörung, Hyperaktivität und Impulsivität) sowie der *vier Nebensymptome* (schnell wechselnde Stimmungslage (Affektlabilität); leichte Reizbarkeit/Explosivität; gesteigerte emotionale Empfindlichkeit/erhöhte Stressempfindlichkeit; desorganisiertes Verhalten) aktuell bei Ihnen vorhanden sind.

Tipp:

☑ Selbstverständlich können Sie auch gerne Ihre guten Bekannten/Freunde fragen, woran diese bemerken, dass Sie ADHS aufweisen.

Um das Ganze (noch) anschaulicher zu gestalten, überlegen Sie in diesem Zusammenhang weiter, wo Ihnen »Ihre« ADHS-spezifischen Kern- und Nebensymptome im Alltag begegnen. Im Folgenden finden Sie einige Beispiele dafür:

Alltagsituation	ADHS-Symptomatik
Ich bekomme gleich Besuch, habe mich wie immer in der Planung verschätzt und deshalb ist das Essen noch nicht fertig.	Desorganisiertes Verhalten
Ich habe gestern eine geschlagene Stunde lang meinen Schlüssel gesucht, weil ich wieder mal nicht wusste, wo ich diesen zuhause hingelegt hatte.	Aufmerksamkeitsstörung

Alltagsituation	ADHS-Symptomatik
Wenn ich lange hinter einem langsamen Auto hinterherfahre, dann bekomme ich leicht einen »Ausraster« und überhole dann auch an unübersichtlichen Stellen.	Leichte Reizbarkeit/ Explosivität
Manchmal kann ich nicht widerstehen und gebe mein ganzes Geld für »Spontankäufe« schon am Monatsanfang aus.	Impulsivität

Achten Sie auch in den nächsten Tagen besonders darauf, in *welchen Situationen* bzw. bei *welchen Aktivitäten* Ihre ADHS-typischen Symptome besonders zum Vorschein kommen. Schreiben Sie diese für Sie typischen Situationen bitte auf und bringen Sie Ihre Aufzeichnungen zur nächsten Sitzung mit.

Auf dem Arbeitsblatt 1.2 »Alltagssituationen und ADHS-Symptomatik« auf S. 25 können Sie Ihre Beobachtungen und Erkenntnisse übersichtlich und kompakt eintragen.

Noch eine wichtige Bemerkung zum Abschluss dieses Abschnittes: Lassen Sie sich nicht entmutigen, falls Sie jetzt an sich noch die eine oder andere »Baustelle« bzw. ADHS bedingte Problematik feststellen. Gut, dass Sie es bemerkt haben, denn: (Selbst-)Erkenntnis ist der erste Schritt zur Veränderung.

Bedenken Sie in diesem Zusammenhang auch: »Kein Schatten ohne Licht«. Oder mit anderen Worten gesagt:

Wussten Sie schon?

- Menschen mit ADHS weisen viele Stärken und ein enormes Potential auf. Mit diesen positiven Aspekten von ADHS'lern werden wir uns im nächsten Abschnitt beschäftigen.

1.2 Gute Eigenschaften von Menschen mit ADHS

Menschen mit ADHS sind in der Regel sehr originelle, kreative Menschen, oft die unbequemen mutigen Vordenker, weil sie sich nicht »stur« an Regeln halten und vieles in Frage stellen können.

Unsere Welt wäre ohne Menschen mit ADHS ärmer, denn wir brauchen sie als diejenigen, die Innovationen, Revolutionen und Reformen machen, die hinterfragen und den Mut zum »Anders-Sein« haben.

Lassen Sie uns deshalb zum Abschluss dieses Kapitels einen Blick auf die vielen positiven Eigenschaften, Stärken und Potentiale von Menschen mit ADHS werfen. Im Folgenden finden Sie einige davon (ohne Anspruch auf Vollständigkeit):

Menschen mit ADHS ...

- ☑ sind künstlerisch kreativ
- ☑ sind leidenschaftlich
- ☑ zeigen eine hohe Flexibilität im Denken
- ☑ können NEUE Lösungen für Probleme finden
- ☑ können sich schnell einen Überblick verschaffen
- ☑ sind »Entdecker« und bereit, Risiken einzugehen
- ☑ können Dinge mehrdimensional und von mehreren Seiten beleuchten
- ☑ können gut Verknüpfungen herstellen
- ☑ sind ehrgeizig
- ☑ sind bis ins hohe Alter verspielt
- ☑ können viele Dinge gleichzeitig tun
- ☑ haben einen großen Gerechtigkeitssinn
- ☑ sind da, wenn man sie braucht
- ☑ betreten gerne Neuland bzw. bewegen sich gerne außerhalb »eingetrampelter Pfade«
- ☑ sind sensibel für ihre Mitmenschen und zeigen großes Mitgefühl

☑ sind spontan, hilfsbereit und fürsorglich
☑ geben nicht leicht auf bzw. haben eine große Zähigkeit (Stehaufmännchen-Phänomen)

Überlegen Sie nun bitte, welche guten ADHS-bezogenen Eigenschaften, Stärken, Kompetenzen und Talente *Sie* aufweisen – beantworten Sie dazu bitte folgende Fragen:

Denkaufgabe:

- Wo liegen meine Stärken?
- Was zeichnet mich aus?
- Welche guten Eigenschaften, Fähigkeiten, Kompetenzen und Talente weise ich auf?
- Was kann ich gut?

Um das Ganze (noch) anschaulicher zu gestalten, überlegen Sie in diesem Zusammenhang weiter, wo Sie »Ihre« ADHS-spezifischen Stärken im Alltag einsetzen. Im Folgenden finden Sie einige Beispiele dafür:

Alltagssituation	ADHS-bezogene Stärken
Letzte Woche habe ich unerwartet Besuch bekommen. Da ich seit Tagen nicht mehr eingekauft hatte, musste ich kurz überlegen, um dann aus den wenigen noch im Kühlschrank vorhandenen Lebensmitteln ein wunderbares Menü zu »zaubern«.	*Spontaneität, Kreativität*
Gestern hat mich ein Arbeitskollege gefragt, ob ich für nächste Woche seinen Spätdienst übernehmen könnte. Selbstverständlich habe ich zugesagt, um ihm aus der Patsche zu helfen.	*Flexibilität, Hilfsbereitschaft*

Alltagssituation	ADHS-bezogene Stärken
Ich habe letzte Woche meinen Staubsauger repariert, ohne Vorerfahrung oder »wirkliche Ahnung« davon zu haben. Ich habe nicht aufgegeben und mich da erfolgreich »festgebissen«, obwohl die ganze Aktion über vier Stunden gedauert hat.	*Beharrlichkeit, Neugier*
Mein Freund hat mich neulich nachts angerufen, weil er sich ausgesperrt hatte. Selbstverständlich bin ich zu ihm hingefahren und habe ihm geholfen, die Tür zu öffnen.	*Zuverlässigkeit*

Achten Sie in den nächsten Tagen verstärkt auf Situationen, bei denen Ihre *guten* (ADHS-bezogenen) *Eigenschaften* sich zeigen bzw. zum Tragen kommen. Selbstverständlich können Sie auch hier Ihre guten Bekannten/Freunde fragen, welche positiven ADHS-bezogenen Eigenschaften, Fähigkeiten, Kompetenzen und Talente diese bei Ihnen wahrnehmen und schätzen.

Auf dem Arbeitsblatt 1.3 »Meine guten (ADHS-bezogenen) Eigenschaften« auf S. 26 können Sie Ihre Beobachtungen und Erkenntnisse übersichtlich und kompakt eintragen.

Übersicht über die Arbeitsblätter aus Kapitel 1:

- Arbeitsblatt 1.1: Fragen, Bemerkungen und Gedanken (S. 24)
- Arbeitsblatt 1.2: Alltagssituationen und ADHS-Symptomatik (S. 25)
- Arbeitsblatt 1.3: Meine guten (ADHS-bezogenen) Eigenschaften (S. 26)

Arbeitsblatt 1.1 – Grundlagen: Wissenswertes zu ADHS

Fragen, Bemerkungen und Gedanken zur Sitzung 1

Bitte schreiben Sie an dieser Stelle Ihre Fragen, Bemerkungen und Gedanken auf, die durch das Lesen der Broschüren ausgelöst worden bzw. entstanden sind.

Arbeitsblatt 1.2 – Grundlagen: Wissenswertes zu ADHS

Alltagssituationen und ADHS-Symptomatik

Bitte machen Sie an drei »typischen« Beispielen deutlich, in welchen *Alltagssituationen* sich bei Ihnen *Symptome der ADHS* bemerkbar machen.

Alltagsituation	ADHS-Symptomatik
Situation 1	
Situation 2	
Situation 3	

Arbeitsblatt 1.3 – Grundlagen: Wissenswertes zu ADHS

Meine guten (ADHS-bezogenen) Eigenschaften

Bitte machen Sie an drei »typischen« Beispielen deutlich, in welchen *Alltagssituationen* sich Ihre *ADHS-bezogenen Stärken* bemerkbar machen.

Alltagsituation	ADHS-bezogene Stärke
Situation 1	
Situation 2	
Situation 3	

II Ressourcen

2 Meine Ressourcen

Was sind die Ziele und Inhalte dieses Kapitels?

Im Folgenden wollen wir Ihnen relevante Informationen zu dem Thema *Ressourcen* geben und mit Ihnen erarbeiten, welche Ressourcen Sie bereits aufweisen bzw. auf welche Ressourcen Sie zurückgreifen können, wie Sie diese Ressourcen (noch besser) für sich nutzen können und auf welche Art und Weise Sie sich weitere hilfreiche bzw. notwendige Ressourcen aneignen oder besorgen können.

Am besten Sie legen sich schon mal Schreibmaterial (Notizblock, Textmarker und Kuli) zurecht, damit Sie wichtige Textpassagen markieren und Ihre Fragen, Gedanken und Anmerkungen zu dieser Broschüre notieren können.

2.1 Was sind Ressourcen und wofür sind Ressourcen eigentlich gut?

Es ist (wahrscheinlich) noch niemand an seinen Problemen gewachsen, sondern vielmehr an und mit seinen Lösungen. Zum Finden und Umsetzen von (Problem-)Löse-Strategien benötigt man »Ressourcen«. Deshalb ist es durchaus sinnvoll und nützlich, sich einmal mit seinen eigenen inneren und äußeren Ressourcen zu beschäftigen.

Sucht man nach dem Fachbegriff: »Ressource« in wissenschaftlichen Texten oder dem Internet, dann fällt einem erstmal auf, dass dieser Begriff in ganz unterschiedlichen Bereichen verwendet wird – z. B. in der Psychologie, in den Naturwissenschaften, in den technischen Fächern, wie auch in der Betriebswirtschaft. Aus diesem Grund gibt es auch keine einheitliche bzw. überall gültige Definition, sondern verschiedene Beschreibungen dieses Begriffes.

Anders verhält es sich, wenn man gezielt nach den Stichwörtern: »Mensch & Ressource« oder »Ressourcen eines Menschen« sucht – dann findet man, über die verschiedenen Disziplinen hinweg, folgenden gemeinsamen Nenner:

Wussten Sie schon?

- Ressourcen sind Kräfte oder Mittel, die eine Person einsetzen kann, um eine bestimmte Aufgabe zu lösen oder ein bestimmtes Ziel zu erreichen. Diese Kräfte oder Mittel können in der Person selbst liegen oder in ihrem Umfeld angesiedelt sein.

In der obigen Definition wird aufgezeigt, was Ressourcen ausmacht (= es sind hilfreiche Kräfte oder Mittel, die einem Menschen zur Verfügung stehen), wo man Ressourcen überall finden kann (= im Menschen selbst oder in seinem Umfeld) und wozu Ressourcen eigentlich gut sind (= sie sind wichtig, um etwas anzupacken, ein Problem zu lösen, Anforderungen zu bewältigen und eine Aufgabe zu bearbeiten) (▶ Abb. 1).

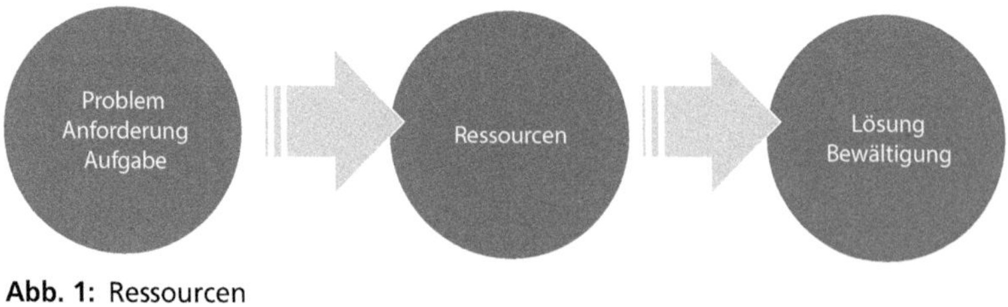

Abb. 1: Ressourcen

Darüber hinaus lässt sich aus der obigen Definition ableiten, dass man wahrscheinlich umso *erfolgreicher* bei der Lösung von Aufgaben, in der Bewältigung von Herausforderungen oder in der Erreichung von Zielen ist, je mehr passende Ressourcen man zur Verfügung hat.

Je mehr wir über geeignete Ressourcen (= Kräfte oder Mittel) verfügen, desto leichter fällt uns die Bewältigung von anfallenden Aufgaben, alltäglichen Problemen und weiteren lebensbezogenen Herausforderungen.

Unsere Ressourcen sind tagtäglich im Einsatz, da jeden Tag etwas zu organisieren ist, kleinere oder größere Probleme zu lösen und Anforderungen zu bewältigen sind.

Ressourcen helfen den Alltag zu meistern und machen das Leben (mit ADHS) leichter.

Man geht heutzutage davon aus, dass jeder Mensch (bereits) eine Vielzahl von Ressourcen aufweist und damit auch vielfältige Kompetenzen zur Bewältigung von Alltagsschwierigkeiten und zur Lösung von Problemen besitzt. Es ist aber auch kein »Beinbruch«, wenn man bestimmte Ressourcen noch nicht aufweist oder wenn diese einem gerade nicht zur Verfügung stehen.

Jeder Mensch ist lern-, entwicklungs- und wandlungsfähig, so dass er sich jederzeit neue Ressourcen erlernen, aneignen oder sich diese besorgen kann.

2.2 Welche verschiedenen Arten von Ressourcen gibt es?

Prinzipiell kann man Ressourcen in innere Ressourcen (= in der Person selbst) und äußere Ressourcen (= im Umfeld der Person) einteilen (► Abb. 2).

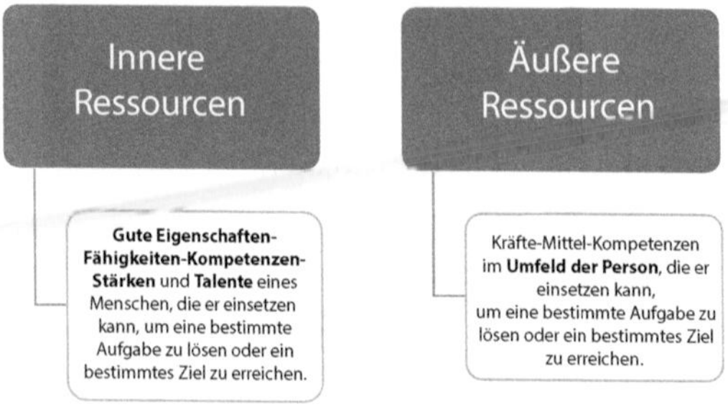

Abb. 2: Innere und äußere Ressourcen

2.2.1 Innere Ressourcen

Befinden sich die Ressourcen in der Person selbst, dann handelt es sich um innere Ressourcen.

Der Begriff »Innere Ressourcen« bezeichnet die guten Eigenschaften, Fähigkeiten, (Handlungs-)Kompetenzen, Stärken und Talente eines Menschen, die er einsetzen kann, um eine bestimmte Aufgabe zu lösen oder ein bestimmtes Ziel zu erreichen.

Unsere inneren Ressourcen helfen uns eine Anforderung zu bestehen, eine Herausforderung zu meistern oder ein Problem zu lösen.

In der folgenden Tabelle finden Sie eine Auswahl von Inneren Ressourcen – vielleicht entdecken Sie darunter auch einige ihrer guten Eigenschaften, Stärken, Kompetenzen und Talente:

Multitasking-fähig	liebevoll	fleißig
ideenreich	kontaktfreudig	beharrlich
flexibel	diszipliniert	ausdauernd
innovativ	unabhängig	redegewandt
wissbegierig	emotional	verantwortungsbewusst
neugierig	fantasievoll	selbstständig

bescheiden	Gerechtigkeits-liebend	durchsetzungsstark
guter Ratgeber	hilfsbereit	sensibel
einfühlsam	ehrgeizig	reaktionsschnell
begeisterungsfähig	vielseitig interessiert	risikofreudig
geduldig	kreativ	eigenständig
auffassungsschnell	mutig	lebhaft
verspielt	fair	*tapfer*
leidenschaftlich	optimistisch	*authentisch*
kraftvoll	humorvoll	*enthusiastisch*

Nehmen wir beispielsweise die innere Ressource: »durchsetzungsstark« – es gibt Menschen, die waren »schon immer« durchsetzungsfähig. Andere Menschen dagegen haben sich diese gute Eigenschaft erst nach und nach aneignen müssen, z.B. durch den Besuch von entsprechenden Kursen/Seminaren unter Anleitung eines Trainers oder Therapeuten. Genauso verhält es sich mit weiteren inneren Ressourcen wie: Geduld, Flexibilität, Beständigkeit oder auch Kreativität.

Denkaufgabe:

- Wie kann einem die innere Ressource »Durchsetzungsfähigkeit« im Alltag nützlich sein, wofür/wozu ist sie gut?
- Woran erkennt man, dass jemand »durchsetzungsstark« ist?
- In welchen Situationen/zu welchen Gelegenheiten haben Sie bereits diese innere Ressource eingesetzt?

Beantworten Sie die oben genannten Fragen auch bezüglich der inneren Ressourcen Geduld, Flexibilität, Beständigkeit oder auch Kreativität.

Welche weiteren guten Eigenschaften, Fähigkeiten, Kompetenzen, Stärken und Talente eines Menschen (= inneren Ressourcen) fallen Ihnen ein und wofür/wozu sind diese im Alltag nützlich?

Innere Ressourcen von Menschen mit ADHS

Lassen Sie uns nun (noch) einen Schritt weitergehen, indem wir uns nun mit der Frage beschäftigen, welche inneren Ressourcen Menschen mit ADHS aufweisen.

Denkaufgabe:

- Was zeichnet Menschen mit ADHS auf?
- Was sind gute Eigenschaften von Menschen mit ADHS?
- Welche persönlichen Stärken, (Handlungs-)Kompetenzen, Talente weisen Menschen mit ADHS auf?

Sicherlich fallen Ihnen ganz verschiedene gute Eigenschaften, persönliche Stärken, Kompetenzen, Talente von Menschen mit ADHS ein. Denken Sie dabei auch an Freunde und Bekannte, die – so wie Sie selbst – vielleicht ebenfalls ADHS haben.

Darüber hinaus sind natürlich auch Sie selbst eine gute Vorlage – denken Sie deshalb bei der Beantwortung dieser Frage auch an Ihre guten Eigenschaften, persönliche Stärken, Kompetenzen und Talente.

In der folgenden Aufzählung finden Sie zum Vergleich einige inneren Ressourcen von Menschen mit ADHS – vielleicht finden Sie sich ja darin wieder:

- ideenreich und kreativ: Menschen mit ADHS stecken ständig voller Ideen, beweisen große Kreativität beim Lösen von Problemen, zeigen großes Improvisationstalent, haben häufig eine künstlerische Ader, können Situationen aus vielen verschiedenen Perspektiven betrachten.
- liebenswert: Menschen mit ADHS sind sehr »quirlig«, fröhlich und lustig, heben sich auf interessante Art und Weise vom Durchschnitt ab,

beweisen viel Charme und Humor, sind ausgesprochen tolerant, sind nicht nachtragend.

- besonders emotional: Menschen mit ADHS sind offen, ehrlich und authentisch, zeigen offen ihre Gefühle, tragen ihr »Herz auf der Zunge«.
- fantasievoll und innovativ: Menschen mit ADHS verfügen über viel Phantasie und über eine gute Vorstellungskraft, können Sachverhalte anschaulich und interessant darstellen, sind gute »Geschichtenerzähler«, finden ungewöhnliche bzw. innovative Lösungen.
- begeisterungsfähig und vielseitig interessiert: Menschen mit ADHS sind aufgeweckt, neugierig und wissbegierig, können sich schnell für Neues, Unbekanntes und Außergewöhnliches begeistern, wollen etwas entdecken/herausfinden und es verstehen, können andere gut motivieren, sind unternehmungslustig.
- hilfsbereit und gerechtigkeitsliebend: Menschen mit ADHS sind fürsorglich und gutmütig, setzen sich in hohem Maße für andere ein, haben einen sehr ausgeprägten Gerechtigkeitssinn und »Beschützerinstinkt«, sind häufig sozial sehr engagiert.
- sensibel anderen gegenüber: Menschen mit ADHS sind empfindsam und großherzig, achten sehr auf ihre Mitmenschen, können Menschen gut einschätzen, sind gute Berater und Gesprächspartner, können gut »zwischen den Zeilen lesen« und nehmen oft Dinge wahr, die anderen nicht auffallen, hören manchmal »das Gras wachsen«.
- gute Auffassungsgabe: Menschen mit ADHS können wesentliche Fakten schnell erfassen, sind sehr lernfähig, erkennen schnell den »Kern« einer Sache, können Wichtiges kurz auf den Punkt bringen, haben ein besonderes Gespür für das Wesentliche.
- handeln intuitiv: Menschen mit ADHS verlassen sich oft auf ihr »Bauchgefühl«, sind spontan und leidenschaftlich.
- sehr flexibel: Menschen mit ADHS können schnell umdenken, suchen immer nach neuen Wegen, sind multitaskingfähig.

Gegenwarts-, Vergangenheits- und Entwicklungs-Ressourcen

Wie aus der folgenden Abbildung ersichtlich, kann man bei den inneren Ressourcen noch weiter unterscheiden, ob man diese guten Eigenschaften,

Kompetenzen, Stärken früher mal hatte (= Vergangenheits-Ressourcen), oder ob diese einem auch aktuell noch zur Verfügung stehen (= Gegenwarts-Ressourcen) oder ob man diese aktuell noch nicht aufweist, diese aber in Zukunft gerne hätte (= Entwicklungs-Ressourcen) (▶ Abb. 3).

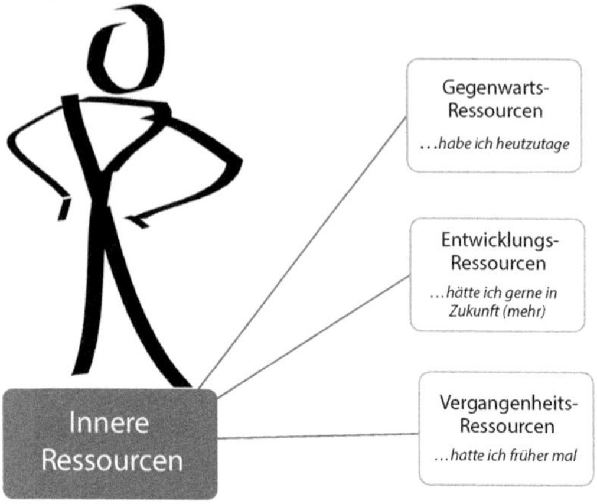

Abb. 3: Innere Ressourcen in Gegenwart, Entwicklung und Vergangenheit

Lassen sie uns diese (genauere) Unterscheidungsmöglichkeit zum Thema Verfügbarkeit von unseren inneren Ressourcen anhand einiger Beispiele näher erklären:

Innere Ressource	Gegenwart	Vergangenheit	Zukunft
Durchsetzungsfähigkeit	Ich bin durchsetzungsfähig!	Ich war früher mal durchsetzungsfähig, aber irgendwie hat sich das verloren.	Ich bin zurzeit nicht so durchsetzungsfähig wie ich mir das wünsche/wie ich das brauche, würde diese gute Eigenschaft aber in Zukunft gerne mehr haben und zeigen.
Geduld	Ich bin geduldig!	Ich war früher mal geduldig(er), aber	Ich bin zurzeit nicht so geduldig wie ich mir das wünsche/wie ich das

Innere Ressource	Gegenwart	Vergangenheit	Zukunft
		irgendwie hat sich das verloren.	brauche, würde diese gute Eigenschaft aber in Zukunft gerne mehr haben und zeigen.
Kreativität	Ich bin kreativ!	Ich war früher mal kreativ, aber irgendwie hat sich das verloren.	Ich bin zurzeit nicht so kreativ wie ich mir das wünsche/wie ich das brauche, würde diese gute Eigenschaft aber in Zukunft gerne mehr haben und zeigen.

Viele Menschen mit ADHS weisen bereits viele guten Eigenschaften und Stärken auf, d. h.:

Viele Menschen mit ADHS haben bereits genügend Gegenwarts-Ressourcen, um eine bestimmte Aufgabe zu lösen, ein bestimmtes Ziel zu erreichen oder um ihren Alltag gut zu meistern.

Manchmal aber stellt man fest, dass man im Lauf der Jahre einige seiner guten Eigenschaften »verloren« hat. Vielleicht war man als Kind noch sehr verspielt, neugierig, kreativ, durchsetzungsfähig, geduldig, mutig, selbstbewusst, auffassungsschnell, ausdauernd, hilfsbereit und noch vieles mehr.

Die gute Nachricht ist, dass unsere Vergangenheits-Ressourcen nicht wirklich verloren gehen, sondern nur »schlummern« und deshalb von uns auch wieder zum Leben erweckt werden können.

Manchmal stellt sich auch heraus, dass man einige gute Eigenschaften, Kompetenzen, Stärken und Talente nicht so gut ausgebildet bzw. entwickelt hat, wie es notwendig gewesen wäre. Die gute Nachricht ist in dieser Hinsicht, dass man lern- und entwicklungsfähig ist und sich deshalb auch noch im Erwachsenenalter weitere guten Eigenschaften, Talente, Stärken und Kompetenzen aneignen kann (= Entwicklungs-Ressourcen).

Es ist nie zu spät bzw. man ist nie zu alt, um mehr Verspieltheit, Neugier, Kreativität, Durchsetzungsfähigkeit, Geduld, Mut, Selbstbewusstsein, Auffassungsschnelligkeit, Hilfsbereitschaft, Ausdauer, Ordnungssinn und vieles mehr zu entwickeln!

Wussten Sie schon?

- Gegenwarts-Ressourcen kann man einsetzen/nutzen und bei Bedarf weiter ausbauen.
- Sinnvolle und nützliche Vergangenheits-Ressourcen kann man wieder aktivieren bzw. »auffrischen«.
- Wünschenswerte/Erstrebenswerte Zukunfts-Ressourcen kann man sich aneignen und/oder ausbauen.

2.2.2 Äußere Ressourcen

Das Gute an Ressourcen ist, dass man diese nicht nur in sich selbst, sondern auch außerhalb der eigenen Person finden kann.

Immer wenn wir auf die Unterstützung und Beratung von anderen Menschen und/oder nützlichen Dingen zurückgreifen, um eine bestimmte Aufgabe zu lösen, ein bestimmtes Ziel zu erreichen oder um den Alltag zu bewältigen, dann nützen wir eine äußere Ressource.

Äußere Ressourcen lassen sich weiter aufteilen in soziale Ressourcen und materielle Ressourcen.

Immer wenn uns andere Menschen bei der Bewältigung von anstehenden Herausforderungen oder Problemen unterstützen, dann nutzen wir eine soziale Ressource. Greifen wir dagegen auf Genstände, Mittel oder Dinge in unserem Umfeld zurück, um im Alltag besser klar zu kommen oder um eine Schwierigkeit zu bewältigen, dann nutzen wir eine materielle Ressource (▶ Abb. 4).

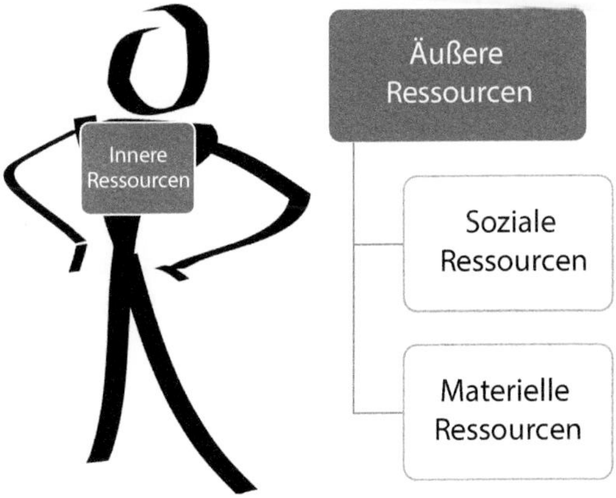

Abb. 4: Äußere Ressourcen: soziale und materielle.

Soziale Ressourcen

> **Soziale Ressourcen**
>
> Freunde, gute Bekannte, Selbsthilfegruppen/Selbsthilfeverbände, Internet-Foren, Beratungsstellen, Coaches, Therapeuten, Ärzte, Interessen-Netzwerke, …

Freunde oder gute Bekannte, die uns den Rücken stärken und ihre Hilfe bei der Lösung von anstehenden Problemen oder Herausforderungen anbieten, stellen eine wertvolle soziale Ressource dar. Genauso wie die Teilnehmer einer Selbsthilfegruppe, die sich gegenseitig mit Rat und Tat bei der Bewältigung von ADHS-bezogenen Schwierigkeiten unterstützen. Aber auch professionelle Anbieter (Therapeuten, Coaches, Fachärzte, usw.), wie man sie in ADHS-spezialisierten Beratungsstellen, Ambulanzen oder Praxen findet, sind soziale Ressourcen, auf die man bei Bedarf zurückgreifen kann, um ein Problem zu lösen oder um eine Herausforderung zu meistern.

All die Menschen im Rahmen von Verwandtschafts-, Freundschafts-, Bekanntschaft- und Interessen-Netzwerken, die uns ganz praktisch (durch Rat und Tat) und/oder »emotional« (durch Zuhören, durch »Rücken stärken« und indem sie für uns da sind) bei der Lösung von Problemen oder der Bewältigung von alltagsbezogenen Aufgaben unterstützen, werden als soziale Ressourcen bezeichnet.

Dank der heutzutage verfügbaren technischen Möglichkeiten können wir nicht nur von der Hilfe anderer Menschen profitieren, wenn uns diese direkt zur Verfügung stehen, sondern wir können diese sozialen Ressourcen auch auf Distanz nutzen, z. B. via E-Mail, Internet-basiertem Chat, Video-Telefonie, usw.

Immer, wenn wir auf die Unterstützung von anderen Menschen zurückgreifen, sei es im direkten persönlichen Kontakt oder »auf Distanz«, dann nutzen wir unsere sozialen Ressourcen.

Eine wichtige Bemerkung zum Schluss dieses Abschnitts: Auch wenn hier eher funktionale Formulierungen wie »Nutzung von« oder »Zurückgreifen auf« soziale Ressourcen zu lesen sind – letztendlich reden wir darüber, wie Menschen andere Menschen in ihrem direkten oder virtuellen (z. B. im Internet) Umfeld unterstützen.

In der Regel beruht diese Beziehung auf Gegenseitigkeit: manchmal sind wir auf die Hilfe durch andere angewiesen und manchmal sind wir selbst die Unterstützer, d. h. eine wichtige soziale Ressource für andere Menschen.

Die Nutzung von/das Zurückgreifen auf soziale Ressourcen ist zumeist keine »Einbahn-Straße«, sondern ein Geben und Nehmen.

Genauso wichtig wie Hilfe anzubieten, ist Hilfe annehmen zu können. Dabei gilt: »Es ist keine Schande, auf die Unterstützung anderer angewiesen zu sein!«.

Manchmal muss man selbst aktiv werden und ganz gezielt danach fragen, damit man Hilfe oder Unterstützung bei dem Lösen von Problemen oder der Bewältigung von alltagsbezogenen Aufgaben bekommt.

Denkaufgabe:

- Denken Sie darüber nach, für welche Menschen Sie eine wichtige soziale Ressource sind bzw. waren.
- Überlegen Sie in diesem Zusammenhang, welche Menschen bereits durch Sie unterstützt wurden, sei es mit »Tipps« (d. h. Beratung/Ratschlägen), durch »Anpacken« (d. h. Handlung/Mithelfen) oder durch »Rücken stärken« (d. h. durch Zuhören und Verständnis zeigen).

Materielle Ressourcen

Materielle Ressourcen

Tages- und Wochenplaner, Handy, Fortbewegungsmittel (Auto, Zug, Fahrrad), Geld, Navigationsgerät, Taschenrechner, sozialstaatliche Fonds (z. B. Kranken-, Arbeitslosen- oder Rentenversicherung), …

Immer wenn wir Gegenstände, Mittel oder Dinge nutzen, um ein Problem zu lösen oder um den Alltag besser zu meistern, dann greifen wir auf eine materielle Ressource zurück.

Dabei kann es sich beispielsweise um ein Fahrrad handeln, das uns schneller ans Ziel bringt, uns von der lästigen Parkplatzsuche befreit, gleichzeitig unsere Fitness verbessert, die (motorische) Hyperaktivität oder (innere) Unruhe lindert und dazu auch noch Geld spart, da wir kein Benzin oder keine Fahrkarte benötigen. In diesem Fall könnte man also durch den Einsatz der materiellen Ressource »Fahrrad« gleich mehrere Probleme (Zeit, Geld, Fitness, Hyperaktivität, Unruhe) angehen, diese lindern oder sogar lösen.

Materielle Ressourcen sind »Werkzeuge«, die wir bei der Lösung von Problemen und der Bewältigung von alltäglichen Aufgaben einsetzen können.

In der folgenden Tabelle sehen Sie eine Möglichkeit dargestellt, wie man sich einen Überblick über (seine) materiellen Ressourcen beschaffen kann:

Materielle Ressourcen	**Wozu ist das gut?**
Tages- und Wochenplaner	Damit ich einen Überblick über meine Termine behalte und besser planen kann.
Navigationsgerät/ Routenplaner	Damit ich im Voraus abschätzen kann, wie lange ich für eine Wegstrecke benötigen werde und damit rechtzeitig losfahre bzw. ankomme.
Telefon	Damit kann ich bei Bedarf schnell meinen guten Freund anrufen, der immer ein offenes Ohr für mich hat und mir mit Rat und Tat zur Seite steht.
Geld	Ich kann mir 1 × pro Monat eine Unterstützung im Haushalt leisten, die mit mir das »Chaos« in der Wohnung aufräumt.
Handy	Nicht nur zum Telefonieren; ich lass mir wichtige Termine über die »Erinnerungsfunktion« ansagen.

Gerade Menschen mit ADHS sind, aufgrund ihrer Kreativität und ihres Ideenreichtums (innere Ressourcen), häufig sehr geschickt darin, passende materielle Ressourcen für die Lösung von Problemen oder die Bewältigung von alltagsbezogenen Aufgaben zu finden.

Denkaufgabe:

Überlegen Sie, welche materiellen Ressourcen (= Gegenstände, Mittel, Dinge) das Leben mit ADHS erleichtern.

2.3 Zusammenfassung

Ressourcen sind Kräfte und Mittel, die eine Person einsetzen kann, um eine bestimmte Aufgabe zu lösen oder ein bestimmtes Ziel zu erreichen. Diese Kräfte und Mittel können in der Person selbst liegen oder in ihrem Umfeld angesiedelt sein, dementsprechend unterscheidet man innere und äußere Ressourcen (▶ Abb. 5).

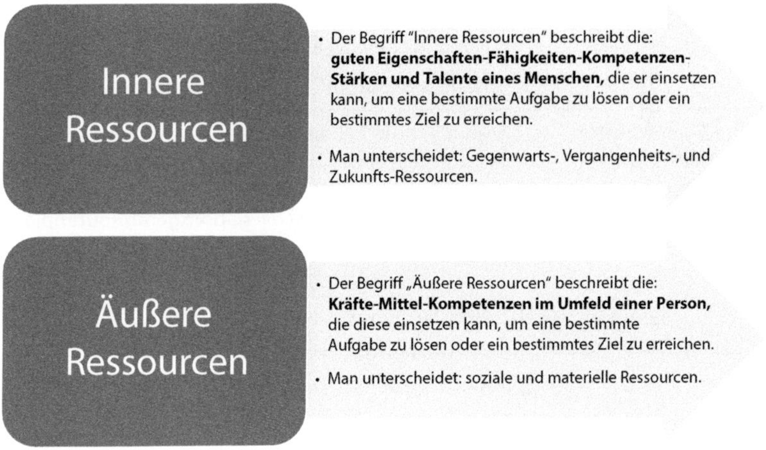

Abb. 5: Innere und äußere Ressourcen

Unsere Ressourcen unterstützen uns bei der Lebensbewältigung, helfen uns Ziele zu erreichen und Aufgaben zu lösen. Je mehr passende (innere und/oder äußere) Ressourcen man zur Verfügung hat, desto leichter fallen die Bewältigung von anfallenden Aufgaben, die Lösung von alltäglichen Problemen sowie das Meistern weiterer lebensbezogener Herausforderungen. Unsere inneren und äußeren Ressourcen unterstützen uns, ein gutes und erfolgreiches Leben (mit ADHS) zu führen (▶ Abb. 6).

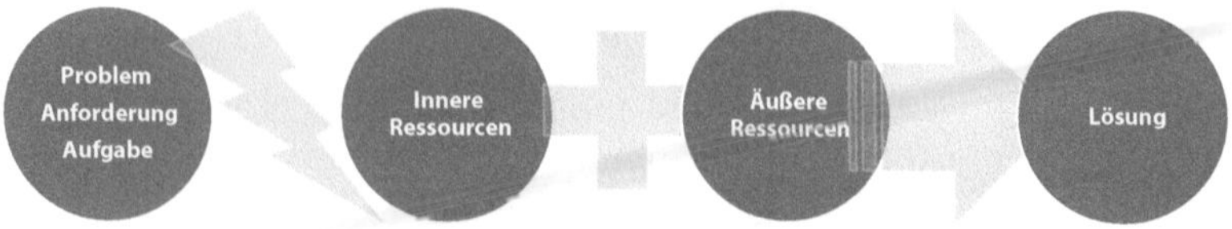

Abb. 6: Ressourcen helfen auf dem Weg zur Lösung.

In der folgenden Tabelle finden Sie abschließend einen Überblick über die verschiedenen Arten von Ressourcen:

Innere Ressourcen	Äußere Ressourcen	
	Soziale Ressourcen	**Materielle Ressourcen**
Gute Eigenschaften, persönliche Stärken, Kompetenzen, Talente, Neigungen eines Menschen.	Freunde, gute Bekannte, Selbsthilfegruppen, Internet-Foren, Beratungsstellen, Coaches, Therapeuten, Ärzte, …	Tages- und Wochenplaner, Ratgeber/Anleitungen (Bücher), Geld, Navigationsgerät/Routenplaner, sozialstaatliche Fonds (z. B. Kranken-, Arbeitslosen- oder Rentenversicherung), …

2.4 Meine Ressourcen

In den nächsten Abschnitten wollen wir uns mit Ihren Ressourcen beschäftigen – lassen Sie uns gleich damit beginnen.

2.4.1 Meine inneren Ressourcen

Falls Sie eine Unterstützung bei der Identifikation ihrer Vergangenheits-, Gegenwarts- und Zukunfts-Ressourcen benötigen, finden Sie eine Auswahl von inneren Ressourcen in Kapitel 2.2.1 (► Kap. 2.2.1, ► Abb. 3).

Gegenwarts-Ressourcen

Überlegen Sie bitte, welche guten Eigenschaften, Stärken, Kompetenzen und Talente (= innere Ressourcen) Sie zurzeit aufweisen – beantworten Sie dazu bitte folgende Fragen:

Denkaufgabe:

- Wo liegen meine Stärken?
- Was zeichnet mich aus?
- Welche guten Eigenschaften, Fähigkeiten, Kompetenzen und Talente weise ich auf?
- Was kann ich gut?

Wie Sie bestimmt schon bemerkt haben, zielen diese Fragen alle auf Ihre Gegenwarts-Ressourcen, d. h. ihre aktuellen inneren Ressourcen ab.

Haben Sie mehrere Ihrer aktuellen guten oder liebenswerten Eigenschaften, Fähigkeiten, Kompetenzen oder Stärken gefunden? Gut!

Dann können Sie ihre Antworten übersichtlich in der linken Spalte auf dem Arbeitsblatt 2.2 »Was zeichnet mich aus?« auf S. 56 eintragen.

Genauso spannend ist es, die Meinung anderer wichtiger Bezugspersonen zu diesem Thema zu erfahren – fragen Sie deshalb auch Ihre guten Bekannten und Freunde, welche liebenswerten Eigenschaften, Kompetenzen, Talenten, Fähigkeiten und Stärken diese bei Ihnen wahrnehmen und schätzen.

Notieren Sie diese Meinungen und Ansichten ihrer guten bekannten/Freunde übersichtlich in der rechten Spalte auf dem Arbeitsblatt 2.2 »Was zeichnet mich aus?« auf S. 56.

In der folgenden Tabelle sehen Sie ein Beispiel für eine solche Beschreibung von Gegenwarts-Ressourcen aus der »Augen-Perspektive« (= linke

Spalte), wie auch aus der Sicht von guten Bekannten und Freunden (= rechte Spalte):

Aus meiner Sicht	So wie andere es sehen
• kreativ • mutig • auffassungsschnell	• kreativ • hilfsbereit • durchsetzungsstark

Wie Sie aus der obigen Tabelle entnehmen können, ist es nicht unüblich, dass Ihre Freunde und gute Bekannte andere gute Eigenschaften, Kompetenzen, Stärken und Talente in Ihnen sehen als Sie selbst. Dieser Umstand ist also ganz »normal«, aber trotzdem interessant:

Tipp:

- ☑ Fragen Sie in diesem Fall Ihre guten Freunde und Bekannte, woran diese merken, dass Sie (wie in dem obigen Beispiel) nicht nur kreativ, mutig und auffassungsschnell, sondern auch noch hilfsbereit und durchsetzungsstark sind.
- ☑ Überlegen Sie dann, ob Sie diese ihnen zugeschriebenen Eigenschaften glauben und akzeptieren können.
- ☑ Achten Sie in Zukunft verstärkt drauf, wo sich Ihre guten Eigenschaften, Stärken, Kompetenzen, Talente (= Gegenwarts-Ressourcen) im Alltag zeigen.

Überlegen Sie nun abschließend, ob Sie – zusätzlich zu den bereits gefundenen – noch weitere Gegenwarts-Ressourcen aufweisen. Sie können zu diesem Zweck nochmal auf die Auswahl von inneren Ressourcen in diesem Buch zurückgreifen (▶ Kap. 2.2.1).

Notieren Sie dann all ihre Gegenwarts-Ressourcen:

- *in der linken Spalte auf dem Arbeitsblatt 2.3 Meine Gegenwarts-, Vergangenheits- und Zukunfts-Ressourcen auf S. 57*

und zusätzlich

- *in der linken Spalte auf dem Arbeitsblatt 2.5 Überblick – Alle meine Ressourcen auf S. 59.*

Vergangenheits-Ressourcen

In diesem Abschnitt geht es schwerpunktmäßig um innere Ressourcen, die im Laufe der Zeit »eingeschlafen« sind.

Viele unserer inneren Ressourcen liegen brach und bedürfen deshalb einer erneuten Aktivierung bzw. »Wiederbelebung«.

Vielleicht war man als Kind noch sehr verspielt, neugierig, kreativ, durchsetzungsfähig, geduldig, mutig und selbstbewusst, doch aus irgendwelchen Gründen wurden diese guten Eigenschaften im Laufe der Jahre »verschüttet«. Lassen Sie uns letzteres einmal wörtlich nehmen – ergänzen Sie dafür diesen Satz: »Etwas, das verschüttet ist, kann man auch wieder…« [fallen Ihnen weitere passende Redewendungen ein?].

Beschäftigen Sie sich deshalb jetzt einmal mit Ihren Vergangenheits-Ressourcen, indem Sie folgende Fragen beantworten:

Denkaufgabe:

- Wo lagen früher meine Stärken?
- Was hat mich früher ausgezeichnet?
- Welche guten Eigenschaften, Fähigkeiten, Kompetenzen und Talente habe ich früher aufgewiesen?
- Was habe ich früher gut gekonnt?

Denken Sie bei der Beantwortung der obigen Fragen auch an (frühere) Vorlieben, Hobbys und Lieblings-Beschäftigungen, weil auch diese Tätigkeiten Hinweise auf Ihre Stärken, gute Eigenschaften, Kompetenzen und Talente geben können.

Notieren Sie ihre Vergangenheits-Ressourcen in der mittleren Spalte auf dem Arbeitsblatt 2.3 »Meine Gegenwarts-, Vergangenheits- und Zukunfts-Ressourcen« auf S. 57.

Entwicklungs-Ressourcen

In diesem Abschnitt soll nun der Fokus auf der Zukunft liegen, denn manchmal stellt sich heraus, dass man einige gute Eigenschaften, Kompetenzen, Stärken und Talente nicht so gut ausgebildet bzw. entwickelt hat, wie es notwendig gewesen wäre.

Die gute Nachricht hier ist, dass Sie lern- und entwicklungsfähig sind und sich deshalb auch noch im Erwachsenenalter gute Eigenschaften, Talente, Stärken und Kompetenzen aneignen können.

Überlegen Sie deshalb, welche inneren Ressourcen Sie gerne in Zukunft entwickeln und/oder weiter ausbauen wollen (= Entwicklungs-Ressourcen). Benötigen Sie beispielsweise etwas mehr an Verspieltheit, Neugier, Kreativität, Durchsetzungsfähigkeit, Geduld, Mut, Selbstbewusstsein, Auffassungsschnelligkeit, Ausdauer, Hilfsbereitschaft oder Ordnungssinn?

Notieren Sie ihre Vergangenheits-Ressourcen in der rechten Spalte auf dem Arbeitsblatt 2.3 »Meine Gegenwarts-, Vergangenheits- und Zukunfts-Ressourcen« auf S. 57.

Nachdem Sie nun einige Zukunfts-Ressourcen identifiziert haben, können Sie abschließend noch überlegen, wozu diese gut sein könnten und auf welche Art und Weise Sie diese inneren Ressourcen erlangen und/oder weiter ausbauen können. Beispiele dafür finden Sie in der folgenden Tabelle:

Welche inneren Ressourcen möchte ich in Zukunft (weiter) entwickeln?	Wie kann ich das erreichen?
Geduld	Indem ich Aufgaben übernehme, die nicht schnell gemacht sind, sondern einiges an Zeit benötigen. Dann kann ich gleichzeitig auch meine »Durchhaltefähigkeit« schulen.
Ordnungssinn	Indem ich mir einen Coach suche, der einmal pro Woche zu mir nach Hause kommt und mich anleitet, bis ich es selbst kann.
Kontaktfreudigkeit	Indem ich einen Englisch-Sprachkurs bei der Volkshochschule besuche, da lerne ich zum einen eine neue Sprache, muss dafür mit anderen Menschen sprechen und baue so nebenbei auch meine Kontaktfreudigkeit weiter aus.

Meine Erfolgs-Timeline

Viele Menschen mit ADHS können zu Recht stolz auf ihr Leben sein, da Sie häufig mit »Gegenwind« zu kämpfen hatten, aber trotzdem erfolgreich ihren Weg gegangen sind.

Lassen sie uns deshalb zum Abschluss dieses Abschnittes nochmal einen Blick in die Vergangenheit werfen und uns mit Ihren persönlichen Erfolgserlebnissen beschäftigen, in Verbindung mit den dazu notwendigen inneren Ressourcen.

Denkaufgabe:

- Auf welche guten Erfahrungen/schöne Erlebnisse kann ich zurückgreifen?
- Welche Probleme bzw. Anforderungen in meinem Leben habe ich bereits (wie) gelöst?
- Welche persönlichen Ziele habe ich bereits erreicht?
- Welche Innerer Ressourcen habe ich dazu eingesetzt?

Im Folgenden sehen Sie ein Beispiel für ein persönliches Erfolgs-Erlebnis und die dazu passenden inneren Ressourcen:

Erfolgs-Erlebnis	Eingesetzte innere Ressourcen
Mittlere Reife	• fleißig • geduldig • ehrgeizig • wissbegierig

Bestimmt fallen Ihnen jetzt einige Erfolgsgeschichten aus Ihrer Kindheit und Jugend ein, z. B. wie Sie Probleme gelöst, Schwierigkeiten überwunden und Ziele erreicht haben. Überlegen Sie in diesem Zusammenhang, mit welchen inneren Ressourcen Sie diese Herausforderung gemeistert haben – dabei kann es sich um innere Ressourcen handeln, die Sie früher mal aufgewiesen haben und die inzwischen aber »eingeschlafen« sind (= Vergangenheits-Ressourcen), oder auch um Gegenwarts-Ressourcen. Dabei ist es nicht wichtig, ob zur Erreichung des jeweiligen »Meilensteins« viele oder wenige innere Ressourcen eingesetzt wurden. Des Weiteren ist es ganz normal, dass einem dieselben inneren Ressourcen bei der Erreichung von ganz unterschiedlichen Zielen helfen können.

Auf dem Arbeitsblatt 2.4 »Meine Erfolgs-Timeline« auf S. 58 können Sie Ihre Erfolgs-Erlebnisse und die dazu passenden inneren Ressourcen übersichtlich und kompakt eintragen.

In der folgenden Abbildung sehen Sie ein Beispiel für die Ausfüllung einer »Erfolgs-Timeline« (▶ Abb. 7).

2.4.2 Meine äußeren Ressourcen

In den folgenden Abschnitten wollen wir uns noch mit ihren sozialen (= Verwandtschafts-, Freundschafts-, Bekanntschaft- und Interessen-Netzwerke) sowie materiellen (= Gegenstände, Dingen und Mittel) Ressourcen beschäftigen.

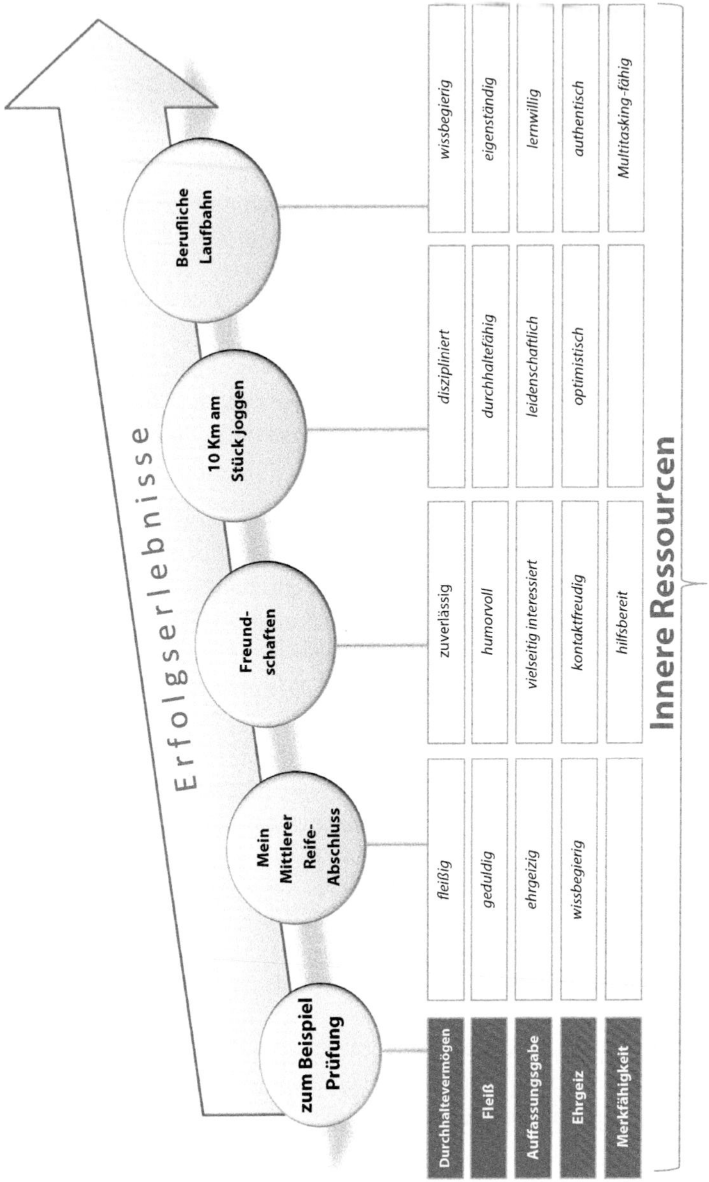

Abb. 7: Erfolgs-Timeline

Soziale Ressourcen

Bestimmt kennen Sie den Spruch: »Niemand ist eine Insel«. Vieles geht leichter oder besser mit der notwendigen/passenden Unterstützung von anderen Menschen.

Denkaufgabe:

- Welche Menschen waren bzw. sind für mich eine wichtige soziale Ressource?
- Welche Menschen haben mich bereits unterstützt, sei es mit »Tipps« (d. h. Beratung/Ratschlägen), durch »Anpacken (d. h. Handlung/Mithelfen) oder durch »Rücken stärken« (d. h. durch Zuhören und Verständnis zeigen)?

Denken Sie dabei sowohl an die Unterstützung durch Freunde oder gute Bekannte bzw. durch andere ADHS-Betroffene (z. B. aus Selbsthilfe-Gruppen), als auch an professionelle Bezugspersonen (wie z. B. Therapeuten oder Coaches), unabhängig davon ob diese soziale Unterstützung im persönlichen Kontakt oder auch auf Distanz (z. B. via E-Mail, Telefon oder Internet-Kontakt) stattfindet.

Notieren Sie Ihre Erkenntnisse und Meinungen in der mittleren Spalte auf dem Arbeitsblatt 2.5 »Überblick – Alle meine Ressourcen« auf S. 59.

Materielle Ressourcen

Sie haben es fast geschafft, denn wir sind beim letzten Punkt in diesem Kapitel angekommen.

Immer wenn Sie Gegenstände, Mittel oder Dinge nutzen, um ein Problem zu lösen oder um den Alltag besser zu meistern, dann greifen sie auf eine ihrer materiellen Ressourcen zurück.

Denkaufgabe:

Welche materiellen Ressourcen (= Gegenstände, Mittel, Dinge) erleichtern mein Leben mit ADHS?

Das kann etwas sein, was Sie regelmäßig benutzen (z. B. das Notizbuch, indem Sie jeden Abend Ihre Termine für den kommenden Tag eintragen), oder auch Gegenstände, Mittel, Dinge, die nur ab und zu zum Einsatz kommen (z. B. das Navigationsgerät, wenn Sie die Fahrzeit für eine unbekannte Strecke abschätzen wollen, damit Sie pünktlich ankommen).

Notieren Sie Erkenntnisse & Meinungen in der rechten Spalte auf dem Arbeitsblatt 2.5 »Überblick – Alle meine Ressourcen« auf S. 59.

2.5 Ausblick – oder auch: Von der Kunst, sich selbst zu ermutigen und wertzuschätzen

Achten Sie auch in der nächsten Woche auf weitere Erfolgs-Erlebnisse, d. h. auf die Situationen, bei denen Sie (Alltags-)Schwierigkeiten bewältigt, Hindernisse überwunden, Probleme gelöst und Ziele erreicht haben. Überlegen Sie in diesem Zusammenhang auch, welche ihrer äußeren Ressourcen (= materielle und soziale) sowie inneren Ressourcen (= guten Eigenschaften, Stärken, Kompetenzen und Talente) Sie dazu eingesetzt haben.

Noch eine Bemerkung zum Schluss: (Ganz) Ohne Selbst-Wertschätzung und Selbst-Ermutigung geht es nicht – deshalb wollen wir Sie dazu ermutigen, die folgenden »Liebe, Kraft und Zuversicht« gebenden Sätze so oft wie möglich zu sich selbst zu sagen:

Was (nicht nur) Kinderohren brauchen…	
Ich hab Dich lieb!	Gut gemacht!
Ich glaub an Dich!	Du bist etwas Besonderes!

Übersicht über die Arbeitsblätter aus Kapitel 2:

Arbeitsblatt 2.1: Meine Ressourcen

Fragen, Bemerkungen und Gedanken zur Sitzung 2

Bitte schreiben Sie an dieser Stelle Ihre Fragen, Bemerkungen und Gedanken auf, die durch das Lesen der Broschüre ausgelöst worden bzw. entstanden sind.

Arbeitsblatt 2.2: Meine Ressourcen

Was zeichnet mich aus?

Sie alle kennen den Spruch: »Man wächst an seinen Problemen«. Das stimmt nicht ganz, denn: Es ist wahrscheinlich noch niemand an seinen Problemen gewachsen. Zutreffender ist vielmehr:

☑ Man wächst an seinen Lösungen und mit seinen Lösungen.

Bitte überlegen Sie, welche Stärken & Kompetenzen Sie haben:

- Etwas, was Sie gut können
- Eine Stärke von Ihnen
- Eine Eigenschaft die Sie an sich schätzen
- Etwas, was Sie oder andere an Ihnen mögen

☑ Schreiben sie bitte (mindestens) drei Ihrer guten oder liebenswerten Eigenschaften bzw. Fähigkeiten oder Stärken auf dieses Blatt Papier (linke Spalte)

☑ Fragen Sie auch gute Bekannte/Freunde nach Ihren guten oder liebenswerten Eigenschaften bzw. Fähigkeiten oder Stärken und schreiben diese dann auf dieses Blatt Papier (rechte Spalte)

Aus meiner Sicht	So wie Andere es sehen

Arbeitsblatt 2.3: Meine Ressourcen

Meine Gegenwarts-, Vergangenheits- und Zukunfts-Ressourcen

Bitte tragen sie Ihre Ressourcen in die entsprechenden Spalten ein.

Gegenwarts-Ressource	Vergangenheits-Ressource	Entwicklungs-Ressource

Arbeitsblatt 2.4: Meine Ressourcen

Meine Erfolgs-Timeline

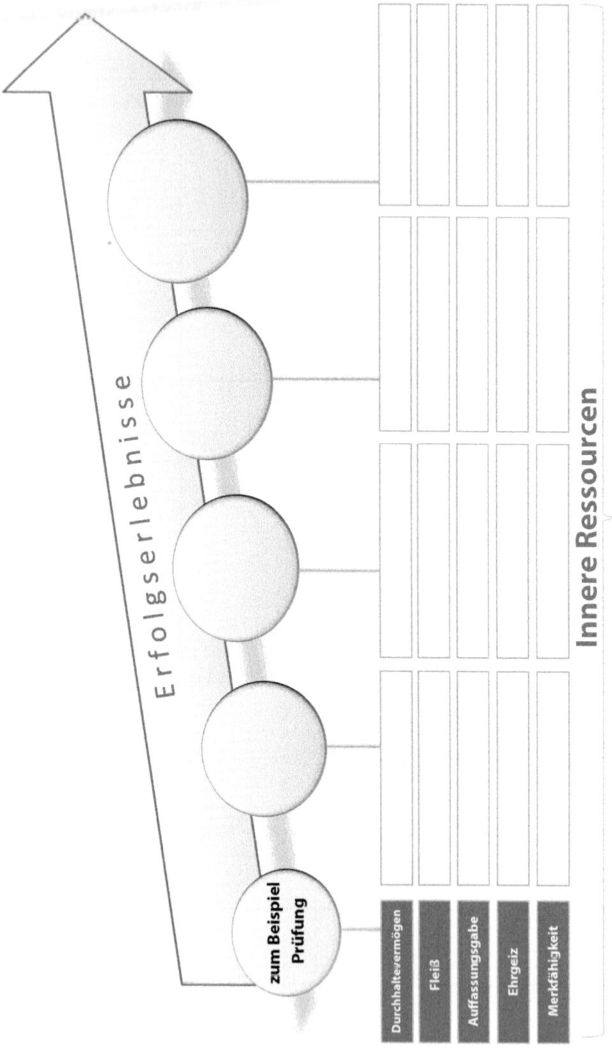

Arbeitsblatt 2.5: Meine Ressourcen

Überblick – Alle meine Ressourcen

Innere Ressourcen	Soziale Ressourcen	Materielle Ressourcen

III Selbstmanagement

3 Selbstmanagement-Strategien zur Steigerung von Aufmerksamkeit

Was sind die Ziele und Inhalte dieses Kapitels?

In diesem Kapitel wollen wir Ihnen relevante Informationen zu dem Thema *Aufmerksamkeitsstörung bei ADHS* geben und Ihnen einige Strategien und Methoden vorstellen, mittels derer Sie Ihre Ablenkbarkeit und »Vergesslichkeit« verringern und Ihre *Aufmerksamkeitsleistung* sowie *Aufmerksamkeitsspanne* verbessern können.

Am besten Sie legen sich schon mal Schreibmaterial (Notizblock, Textmarker und Kuli) zurecht, damit Sie wichtige Textpassagen markieren und Ihre Fragen, Gedanken und Anmerkungen zu diesem Kapitel notieren können (Arbeitsblatt 3.1 auf S. 80).

3.1 Woran erkenne ich eine Aufmerksamkeitsstörung?

Kennen Sie das?

Anzeichen einer Aufmerksamkeitsstörung

☐ Mir unterlaufen häufig Flüchtigkeitsfehler, z. B. beim Schreiben oder Ausfüllen von Formularen.

☐ Ich verlege oder verliere wichtige Alltagsgegenstände (z. B. den Hausschlüssel oder Geldbeutel) und bin dann stundenlang mit Suchen beschäftigt.
☐ Ich bin sehr vergesslich und muss mir alles aufschreiben, um mich später daran zu erinnern.
☐ Ich kann mich nur für eine kurze Zeit auf eine Sache konzentrieren.
☐ Wenn ich mit einer Aufgabe beschäftigt bin, dann habe ich dabei ständig störende oder ablenkende Gedanken im Kopf, die gar nichts mit der Aufgabe zu tun haben.
☐ Ich bin leicht ablenkbar und vergesse dann, was ich eigentlich ursprünglich machen wollte.
☐ Ich bin mit meinen Gedanken häufig woanders und kann deshalb Gesprächen nicht richtig folgen.
☐ Ich bin sehr reizempfindlich, z. B. gegenüber Geräuschen.
☐ Ich verliere mich häufig in Tagträume und verpass dadurch, was um mich herum geschieht.
☐ Manchmal fallen mir sogar Gegenstände (z. B. ein Glas) aus der Hand, weil ich »vergesse«, dass ich diese festhalten soll.
☐ Ich neige zu Unfällen durch Stolpern, Umknicken und Fehltreten, weil ich ganz in Gedanken versunken bin und dann nicht auf meine Umgebung achte.
☐ Beim Autofahren kann ich mich nur schwer auf den Verkehr um mich herum konzentrieren.

Die oben genannten Beispiele lassen sich der folgenden ADHS-spezifischen Kategorie zuordnen:

Kriterien für eine Aufmerksamkeitsstörung bei ADHS im Erwachsenenalter	
Schwierigkeiten mit der Aufmerksamkeit, z. B.:	• Verminderte Konzentrationsfähigkeit, v. a. bei fehlendem Interesse. • Verkürzte Aufmerksamkeitsspanne oder Vermeidung von Tätigkeiten, die Durchhaltevermögen verlangen. • Bei Gesprächen nicht richtig zuhören, nicht bei der Sache bleiben. • »Kommunikationsstörung« in der Partnerschaft oder in der Gruppe.

Kriterien für eine Aufmerksamkeitsstörung bei ADHS im Erwachsenenalter
• Starke Ablenkbarkeit. Mit den Gedanken ständig woanders ein. • Empfindlichkeit gegenüber Außenreizen. • Vergesslichkeit: alles notieren müssen, Gegenstände verlegen.

Quelle: Nach Wender (1995)

Das Gemeinsame an den oben genannten Problembereichen ist:

Es fällt einem schwer, sich dauerhaft zu konzentrieren, d. h. mit seiner Aufmerksamkeit lange und/oder andauernd bei einer Sache zu bleiben, ohne durch Reize in seiner Umgebung oder durch störende/unpassende Gedanken abgelenkt zu werden.

Viele Betroffene mit ADHS im Erwachsenenalter leiden unter den oben genannten Besonderheiten und Verhaltensweisen. Dies lässt sich leicht nachvollziehen, weil Unaufmerksamkeit und leichte Ablenkbarkeit für den ADHS-Betroffenen und sein Umfeld mehr oder weniger große Probleme nach sich ziehen können, z. B.:

Gefahren einer Aufmerksamkeitsstörung bei ADHS-Betroffenen

- Hohe Gefahr, Unfälle zu erleiden und/oder sich zu verletzen.
- Zeitverlust durch Verlegen wichtiger Gegenstände, mit der Folge zeitaufwendiger Suchaktionen.
- Das Vergessen oder Verpassen wichtiger Aufgaben, was zu Abmahnungen in Schule oder Betrieb führen kann.
- »Beziehungs-Stress«, weil der Partner einem vorwirft, dass man ihm nicht richtig zuhört oder nicht »bei der Sache ist«.

Falls Sie auch zu den ADHS-Betroffenen mit Einschränkungen bzw. Schwierigkeiten in den Bereich *Aufmerksamkeit* gehören, d. h. häufig unaufmerksam, vergesslich, »verträumt« und/oder leicht ablenkbar sind, wollen wir Ihnen auf den folgenden Seiten exemplarisch einige Lösungsstrategien anbieten, als »Hilfe zur Selbsthilfe«.

3.2 Was Sie selbst tun können bei ADHS-bedingter Aufmerksamkeitsstörung

Bevor man etwas zum Guten oder Besseren verändert, sollte man zunächst eine persönliche Bestandsaufnahme machen.

Verschaffen Sie sich deshalb einen Überblick über Ihre alltagsbezogenen Schwierigkeiten:

Die Aufmerksamkeit zu halten, sich auf etwas zu konzentrieren, sich etwas zu merken, Gesprächen richtig zu folgen, etwas wiederzufinden. Stellen Sie sich dazu die folgende Frage:

Denkaufgabe:

Unter welchen Bedingungen/bei welchen Gelegenheiten fällt es mir SCHWER, die Aufmerksamkeit auf eine bestimmte Aufgabe oder eine bestimmte Person zu halten?

Diese Bedingungen wollen wir im Folgenden *Ablenkungs-Förderer* nennen.

Sie können sich zu diesem Zweck (nochmals) die »Anzeichen einer Aufmerksamkeitsstörung bei ADHS« auf S. 63–64 durchlesen. Falls Ihnen zu den dort beschrieben Punkten Beispiele aus Ihrem Alltag einfallen, dann notieren Sie diese auf ein Blatt Papier. Genauso sinnvoll kann es sein, sich eine Woche lang mal aufmerksam »über die eigene Schulter zu schauen«, auf entsprechende Vorkommnisse zu achten und sich diese auch aufzuschreiben.

Ebenso sinnvoll ist es aber auch, sich einen Überblick darüber zu verschaffen, unter welchen Bedingungen/bei welchen Gelegenheiten Sie bereits Ihre Aufmerksamkeit *wirksam* bündeln und/oder *gut* bei einer Aufgabe *halten* können, d. h. sich folgende Frage zu stellen:

Denkaufgabe:

Unter welchen Bedingungen kann ich mich GUT auf etwas konzentrieren, mir Inhalte oder Aufgaben merken, Gesprächen richtig folgen, ganz »bei der Sache« bleiben, etwas schnell wiederfinden?

Diese Bedingungen wollen wir im Folgenden *Aufmerksamkeits-Halter* nennen.

Schreiben Sie auch diese positiven Ereignisse auf, denn diese können einen wichtigen »Schlüssel zum Erfolg« darstellen und Ihnen den richtigen Weg weisen.

Fassen Sie dann Ihre Beobachtungen zusammen, indem Sie sich dann überlegen, unter welchen Bedingungen es Ihnen *schwer* fällt mit ihrer Aufmerksamkeit NICHT bei einer Aufgabe oder einer Person zu bleiben (= »Ablenkungs-Förderer«) und auch unter welchen Bedingungen Sie mit Ihrer Aufmerksamkeit *gut* bei einer Aufgabe oder Person bleiben können (= »Aufmerksamkeits-Halter«).

Auf dem Arbeitsblatt 3.2 »Meine Ablenkungs-Förderer und Aufmerksamkeits-Halter« auf S. 81 können Sie Ihre Beobachtungen und Erkenntnisse übersichtlich und kompakt eintragen.

Versuchen Sie in den nächsten Wochen dann möglichst oft:

1. ihre »Ablenkungs-Förderer« zu reduzieren oder ganz abzustellen.
2. Bedingungen herzustellen oder aufzusuchen, bei denen Sie besonders gut mit Ihrer Aufmerksamkeit bei einer Aufgabe/Person bleiben können; d. h. setzen Sie so oft es geht ihre »Aufmerksamkeits-Halter« ein!

Haben Sie dabei Geduld mit sich selbst – nach und nach kann alles BESSER werden: ständiges Training zahlt sich aus!

3.3 »Probleme« und Lösungsstrategien

In den folgenden Abschnitten finden Sie weitere bewährte Lösungsstrategien bei ADHS-bezogenen Aufmerksamkeitsstörungen.

Am besten Sie suchen sich zunächst *eine* der hier beschriebenen *Lösungsstrategien* aus und testen diese *im Verlauf der nächsten Wochen.*

Gehen Sie dabei problemorientiert vor, d. h. überprüfen Sie zunächst, welche Anzeichen einer Aufmerksamkeitsstörung bei Ihnen am stärksten ausgeprägt sind oder unter welchen Anzeichen Sie am stärksten leiden.

Sollten Sie den Eindruck gewinnen, dass alle Anzeichen einer Aufmerksamkeitsstörung bei Ihnen vorliegen, suchen Sie sich die Strategien aus, die Sie am leichtesten bzw. am schnellsten umsetzen können.

Um den Überblick über die eingesetzten Strategien/Übungen zu behalten, kann es hilfreich sein zu protokollieren, WANN (Datum/Uhrzeit) und mit WELCHEM Erfolg man diese Strategien und Übungen eingesetzt hat.

Um ihnen die Protokollierung zu erleichtern, haben wir für Sie das Arbeitsblatt 3.6 »Mein Übungsprotokoll« auf S. 87 bereitgestellt.

Auf diesem Arbeitsblatt können Sie auf übersichtliche Art und Weise den Namen der eingesetzten Übung/Strategie und das Datum eintragen, sowie protokollieren, wie erfolgreich Sie bei der Anwendung der Strategie bzw. Durchführung der Übung gewesen sind. Zur einfacheren Darstellung des Erfolges (= wie erfolgreich war die Anwendung) können Sie auf folgende Darstellung mittels »Smiley« zurückgreifen:

☹ = nicht so erfolgreich
😐 = geht so/verbesserungswürdig
☺ = erfolgreich bis sehr erfolgreich.

Name der Übung/ Strategie	Mo	Di	Mi	Do	Fr	Sa	So
Der »Bin ich noch bei der Sache«-Check	☺	😐	😐	😐	☺		☺
Achtsamkeits-Übung	😐		☹	☺	☺	😐	☺

Bitte denken Sie daran: Man kann nicht jeden Tag (gleich) gute Resultate haben, aber wenn Sie am »Ball bleiben«, dann werden Sie erfolgreich sein!

3.3.1 »Problem«: Ich verliere oder verlege Dinge

Lösungsvorschlag: Die »Alles an seinem gewohnten Platz«-Strategie

Um in Zukunft wichtige Gegenstände (z. B. Schlüssel, Geldbeutel, Führerschein, Handy) schneller wiederzufinden, sollten Sie die »*Alles an seinem gewohnten Platz*«-Strategie anwenden.

Zu diesem Zweck weisen Sie allen wichtigen Alltagsgegenständen einen *festen* Platz in Ihrem Haushalt zu.

Tipp:

☑ So könnten Sie beispielsweise all Ihre wichtigen Schlüssel, die auch täglich im Einsatz sind, an ein spezielles *Schlüsselbrett* hängen. Dieses Schlüsselbrett sollte selbstverständlich an einem geeigneten Ort angebracht werden, z. B. in der Nähe der Wohnungstür. Um den Überblick zu behalten, sollten Sie die einzelnen Haken auch passend beschriftet (z. B.: »Autoschlüssel«, »Garagenschlüssel«, usw.) werden. Dadurch fällt schneller auf, wenn mal ein Haken NICHT mit dem dazugehörigen oder passenden Schlüssel belegt ist.

Bei Alltagsgegenständen, die nicht aufgehängt werden können (z. B. der Geldbeutel oder der Führerschein), können Sie zur Aufbewahrung eine übersichtliche Kiste benutzen. Damit Sie auch hier den Überblick behalten und schnell feststellen, ob alle Gegenstände an ihrem gewohnten Ort liegen, sollten Sie diese Aufbewahrungskiste/-Koffer in verschiedene Fächer unterteilen und diese passend beschriften (z. B. Geldbeutel-Fach oder Handy-Fach). Sie könnten auch ein Foto von ihrem Gegenstand machen und dieses Foto dann auf das dafür vorgesehene Fach kleben. Als nächstes müssen Sie noch einen geeigneten Stellplatz für die Aufbewahrungskiste/den -Koffer finden: dies kann beispielsweise in die Nähe der Wohnungstür oder auch in einem Raum sein, in dem Sie sich häufig aufhalten, z. B. die Küche oder das Wohnzimmer.

Tipp:

☑ Damit diese Lösungs-Strategie auch langfristig beibehalten und durchgehalten wird, sollten Sie an passender Stelle in Ihrer Wohnung *Erinnerungsschilder* anbringen. Auf diesen kann beispielsweise der Satz stehen: »*Hast du auch HEUTE den Autoschlüssel an das Schlüsselbrett neben der Wohnungstür gehängt?*«; »*Hast du auch HEUTE kontrolliert, ob alle Gegenstände an ihrem gewohnten Platz im Aufbewahrungs-Kasten im Wohnzimmer liegen?*«.

Um sich die morgendliche Suche unter Zeitdruck zu ersparen, könnten Sie auch einen festen und wiederkehrenden *Termin am Abend* (z. B. nach dem Zähneputzen) festlegen, an dem Sie routinemäßig überprüfen, ob alle Gegenstände an ihrem gewohnten Ort liegen. Eine *Check-Liste,* auf der alle wichtigen Gegenstände (z. B. Wohnungsschlüssel, Präsentationsmappe, Einkaufszettel, Dokumente, usw.) aufgelistet sind, hilft Ihnen bei dieser Überprüfung.

Um diesen »Check-Termin« einzuhalten, könnten Sie eine entsprechende Erinnerungsfunktion in Ihr Handy eingeben und/oder Ihre Familienmitglieder bitten, Sie zu einem vorher vereinbarten Zeitpunkt (z. B. abends um 19 Uhr) daran zu erinnern.

Als zusätzliche Sicherheit könnten Sie auch passende *Hinweisschilder* mit der der Beschriftung: »*Stopp! Hast du auch alles Wichtige eingepackt?*« an die Innenseite der Wohnungs- oder Haustür anbringen.

STOPP!

3.3.2 »Problem«: Ich bin leicht ablenkbar und habe große Schwierigkeiten, mit meiner Aufmerksamkeit bei einer Aufgabe zu bleiben

Lösungsvorschlag: Der »Bin ich noch bei der Sache«-Check

Damit Sie mit Ihrer Aufmerksamkeit möglichst lange bei notwendigen Arbeiten (z. B. beim Vokabeln lernen, dem Ausfüllen der Steuererklärung, beim Lesen eines Textes) bleiben, empfiehlt es sich regelmäßig den »*Bin ich noch bei der Sache*»-Check durchzuführen.

Zu diesem Zweck überlegen Sie zunächst, für wie lange Sie durchschnittlich Ihre Aufmerksamkeit bei einer bestimmten Aufgabe halten können – dies wird als »Aufmerksamkeitsspanne« bezeichnet.

Bei Ihren Überlegungen bezüglich der zeitlichen Dauer ihrer Aufmerksamkeitsspanne sollten Sie die Art der Aufgabe berücksichtigen, d. h. Sie sollten mit einbeziehen, ob es sich:

- ☐ um eine eher schwere ODER eher leichte Aufgabe handelt.
- ☐ um eine gewohnte ODER ganz neue Aufgabe handelt.
- ☐ um eine unangenehme ODER eher angenehme Aufgabe handelt.

Viele ADHS-Betroffene berichten, dass Sie bei neuen und nach eigener Ansicht als angenehm empfundenen Aufgaben i. d. R. sehr lange, konzentriert und ausdauernd »bei der Sache« bleiben können. Dagegen fällt es vielen ADHS-Betroffenen sehr schwer, ihre Aufmerksamkeit bei unangenehmen, gewohnten oder »langweiligen« Aufgaben zu halten.

Des Weiteren berichten viele ADHS-Betroffene, dass sie schnell bzw. leicht durch Reize in ihrer Umgebung (d. h. von dem, was um einen herum zu sehen oder zu hören ist) abgelenkt werden können. Dies bedeutet, dass

Sie sich auch überlegen sollten, unter welchen Bedingungen Sie mit Ihrer Aufmerksamkeit am besten bei einer Aufgabe bleiben können.

Als nächstes empfiehlt es sich, die gewonnenen Erkenntnisse auf eine übersichtliche Art und Weise aufzuschreiben, z. B. nach folgendem Schema (Bsp.):

Meine durchschnittliche Aufmerksamkeitsspanne beträgt aktuell:
→ Sechs Minuten

Ich kann mit meiner Aufmerksamkeit am besten bei der Aufgabe bleiben, wenn:

- ☐ ich Störungen ausschließe (Telefon ausstöpseln, Schild »Bitte nicht stören« an die Tür hängen).
- ☐ ich von meinem Arbeitsplatz nicht direkt nach draußen schauen kann, d. h. der Schreibtisch nicht mehr am Fenster, sondern an der Wand steht.
- ☐ ich zum Essen oder trinken nicht aufstehen muss, d. h. gefüllte Teekanne und Obstkorb »griffbereit« auf den Tisch stelle.
- ☐ Musik im Hintergrund läuft.
- ☐ ich ausgeschlafen bin.
- ☐ ich zuvor etwas Sport gemacht habe (20 Minuten Fahrrad fahren).

Als nächstes benötigen Sie einen *Zeitmesser,* an dem Sie Ihre ermittelte Aufmerksamkeitsspanne (z. B. sechs Minuten) einstellen können.

Bei dem oben genannten Beispiel würde dann nach sechs Minuten ein akustisches Signal ertönen (»der Wecker klingelt«) – dies ist für Sie das Signal, um einen »Bin ich noch bei der Sache?«-Check durchzuführen: d. h. Sie überprüfen, ob Sie mit Ihrer Aufmerksamkeit noch bei der ursprünglich geplanten Aufgabe sind.

Wenn JA: Super – Weiter so! ☺ Wenn NICHT: Gut, dass Sie es gemerkt haben – Jetzt schnell zurück zur geplanten Aufgabe.

Um auch den nächsten »Bin ich noch bei der Sache«-Check nicht zu verpassen, stellen Sie zuvor Ihren Zeitmesser nochmals auf die von Ihnen ermittelte Aufmerksamkeitsspanne ein.

In dem oben genannten Beispiel würde sich deshalb der Zeitmesser immer wieder alle sechs Minuten melden, solange bis man schließlich die Aufgabe bewältigt hat. Bei dem Ertönen des akustischen Signals (=Erinnerung) würde man dann jedes Mal den »Bin ich noch bei der Sache?«-Check durchführen, um dann mit der geplanten Aufgabe weiterzumachen.

Selbstverständlich lässt sich die persönliche Aufmerksamkeitsspanne durch Training auch verlängern bzw. zeitlich ausdehnen. Dies bedeutet, dass man bei regelmäßiger Übung, den Zeitmesser nach und nach auf ein längeres Zeitintervall einstellen kann:

Jemand, der mit 6 Minuten Aufmerksamkeitsspanne beginnt, kann sich durchaus auf Zeitintervalle von 20 Minuten und mehr steigern – regelmäßiges Training zahlt sich aus!

Mittels des Arbeitsblattes 3.3 »Mein Aufmerksamkeits-Halter-Trainer« auf S. 82–83 können Sie Verbesserungen in Ihrer Aufmerksamkeitsspanne dokumentieren und somit leicht nachvollziehen.

Bedenken Sie bei jeder Aufgabe, die Sie anpacken: »Rom wurde nicht an einem Tag erbaut!« – Dies bedeutet, dass nicht jede Aufgabe in einem Rutsch und ohne Pause bewältigt werden kann.

Deshalb sollten Sie auch überlegen, ob die zu bewältigende Aufgabe nicht besser in kleinere, gut zu bewältigende Teil-Ziele (»Tages-Etappen«) aufgeteilt werden sollte – bedenken Sie, dass man auf diese Art und Weise auch zum Ziel kommt, ohne dass einem zwischendurch »die Puste ausgeht«.

Genauso wichtig ist der Faktor: »Hoffnung auf Erfolg«. Damit ist gemeint, dass Sie sich stetig darin bestärken sollten, dass Sie eine Aufgabe auch bewältigen werden. Dies kann beispielsweise mittels selbstermutigender Sätze geschehen, indem Sie bspw. zu sich sagen: »Ich schaff' das!«.

3.3.3 »Problem«: Ich bemerke es gar nicht, wenn ich mit meiner Aufmerksamkeit »wegdrifte«

Lösungsvorschlag: Achtsamkeits-Übungen

Mittels Achtsamkeits-Übungen können Sie trainieren, mit der Aufmerksamkeit ganz und ausschließlich bei einer Sache zu bleiben.

Aber bevor wir Ihnen einige Achtsamkeits-Übungen vorschlagen, möchten wir zunächst noch den Begriff Achtsamkeit erklären:

Wussten Sie schon?

- Achtsam sein bedeutet, dass man sich nur auf eine Tätigkeit konzentriert und nichts daneben oder nebenbei macht – oder anders ausgedrückt: Achtsamkeit ist die Kunst, (ganz) im Augenblick zu verweilen.

Achtsamkeits-Übungen gibt es in ganz vielen Ausführungen und Varianten – wir möchten Ihnen hier eine eher pragmatische Variante vorstellen, anhand von konkreten Aufgaben, die Sie in Ihren Alltag einbauen und normalerweise nebenbei und automatisch erledigen können (z. B. Kaffee trinken, Zähneputzen, Geschirr abwaschen).

Gerade bei solchen Routineaufgaben ist man oft nicht mit dem Kopf bei der Sache, d. h. während man seinen Kaffee trinkt, werden gleichzeitig tausend anderer Dinge erledigt, z. B. die E-Mails gecheckt, oder man schreibt dabei SMS und ist in Gedanken schon beim Planen des Einkaufs am Nachmittag.

Am Ende hat man seinen Kaffee einfach »herunter gekippt« und weiß noch nicht mal, ob bzw. wie er geschmeckt hat; d. h. man schenkt dem, was man gerade tut, keine Beachtung, weil man mit seinen Gedanken gerade woanders ist.

Achtsam sein bedeutet dagegen, dass man (in dem oben genannten Beispiel) mit seiner Aufmerksamkeit einfach »nur« beim Kaffee trinken bleibt, sich auf dessen Geschmack und Geruch konzentriert und »nichts daneben tut«.

Wenn Sie Kaffee trinken, trinken Sie nur. Lesen Sie nicht dabei, hören Sie keine Musik. Seien Sie einfach achtsam für das was Sie tun. Kaffee trinken.

Dies stellt den *ersten Teil* der Achtsamkeits-Übung dar.

Wenn Sie während dieser Übung merken, dass Sie nicht mehr »achtsam Kaffee trinken«, z. B. indem Sie sich gedanklich mit dem anstehenden Einkauf für das Abendessen beschäftigen, dann ist das komplett »normal«. Dieser Umstand stellt ein wichtiges Signal dar, denn jetzt ist es Zeit, mit dem *zweiten Teil* der Achtsamkeits-Übung zu beginnen – diese geht so:

Halten Sie kurz inne, lächeln Sie, um dann mit dem nächsten Ausatmen zur Achtsamkeits-Übung (in dem oben genannten Beispiel: Kaffee trinken und sonst nichts daneben) zurückzukehren. Auf diese Art und Weise können Sie ihre Beobachtungsgabe schulen, um in Zukunft noch früher zu bemerken, dass Sie nicht mehr »bei der Sache« sind.

Da Achtsamkeits-Übungen »mental« anstrengend sein können, sollten Sie diese mit Maß dosieren, d. h. nicht zu lange und nicht zu oft machen.

Tipp:

☑ Ein- bis maximal zweimal pro Tag, jeweils für eine Dauer von 2–3 Minuten sind vollkommen ausreichend.

Sie können dabei ganz nach Belieben die Achtsamkeits-Übungen austauschen, indem Sie sich beispielsweise an dem einen Tag achtsam die Zähne putzen, am nächsten Tag achtsam Kaffee trinken und wiederum am Tag danach achtsam das Geschirr abwaschen.

Reflektieren Sie abends vor dem Einschlafen noch einmal, wo es Ihnen tagsüber gelungen ist, achtsam zu sein. Sparen Sie nicht mit Lob! Überlegen Sie dann, welche Achtsamkeitsübungen Sie am folgenden Tag ausführen wollen (z. B.: *achtsam…* Kaffee trinken; Geschirr spülen; staubsaugen, bügeln; duschen; eincremen; Hände waschen; Zähne putzen…).

Um einen Überblick über Ihren Fortschritt/Ihre Verbesserung bei der Durchführung der Achtsamkeits-Übungen zu bekommen, können Sie Ihre täglichen Erfahrungen auf dem Arbeitsblatt 3.4 »Mein Achtsamkeitstrainer« auf S. 84–85 eintragen.

3.3.4 »Problem«: Ich bin so vergesslich und weiß manchmal schon nachmittags nicht mehr, was ich alles am Vormittag gemacht habe

Lösungsvorschlag: Die »Gedächtnisprotokoll»-Übung

Um Ihre Merk- und Erinnerungsfähigkeit zu schulen, bietet sich die Durchführung der »*Gedächtnisprotokoll*»-Übung an. Damit ist gemeint, dass Sie sich öfters pro Tag in Erinnerung rufen, mit welchen Aktivitäten oder Unternehmungen Sie sich in den letzten ein bis zwei Stunden beschäftigt haben.

Der gewählte Zeitabschnitt ist mit ein bis zwei Stunden »Erinnerungszeit« absichtlich kurz bzw. überschaubar gewählt, damit man sich noch möglichst gut an die zuletzt durchgeführten Aktivitäten erinnern kann. Des Weiteren können Sie sich *zusätzlich* noch fragen:

- was Ihnen geholfen hat, sich auf die durchgeführte Tätigkeit zu konzentrieren und/oder wie Sie es geschafft haben, mit Ihrer Aufmerksamkeit bei der Aufgabe zu bleiben, und
- ob es sich um eine geplante/beabsichtigte Tätigkeit gehandelt hat, oder eher ein »spontaner Entschluss« gewesen ist.

Damit die »*Gedächtnisprotokoll*»-Übung nachhaltig wirken kann, sollte oben genannten Fragen nicht nur in Gedanken beantwortet, sondern auch *schriftlich* fixiert werden – ein Beispiel dazu finden Sie in der folgenden Übersicht:

Datum: Dienstag, 14.11.23 **Mein Aktivitätsprofil von:** 10:30 bis 12:00 Uhr

Durchgeführte Aktivitäten:
Erstellung der Präsentation für das Meeting am Freitag

Was hat mir geholfen, mich auf die Aufgabe/Tätigkeit zu konzentrieren? Was hat mir geholfen bei der Aufgabe/Tätigkeit zu bleiben?
Habe Störungen weitgehend ausgeschlossen, indem ich das Telefon auf einen Kollegen umgeleitet habe; habe mir die (negativen) Konsequenzen klar gemacht, wenn ich die Präsentation nicht rechtzeitig fertig bekomme; habe mir eine Belohnung (leckeres Stück Erdbeerkuchen) versprochen und die Belohnung auch gleich danach in der Mittagspause eingelöst. ☺

War die Durchführung dieser Aufgabe/Tätigkeit von mir geplant?
Nein! Mein Vorgesetzter hatte mich gg. 9:30 Uhr gebeten, die Präsentation für einen erkrankten Kollegen zu übernehmen. Das bedeutet, dass die ursprünglich geplante Tätigkeit (Bericht schreiben über das kürzlich durchgeführte Projekt) liegen geblieben ist – das hatte ich meinem Vorgesetzten aber auch mitgeteilt, der dann den Abgabetermin für den Bericht um einen Tag verlängert hat.

Datum: Samstag, 18.11.23 **Mein Aktivitätsprofil von:** 14:30 bis 15:30 Uhr

Durchgeführte Aktivitäten:
Küche aufgeräumt

Was hat mir geholfen, mich auf die Aufgabe zu konzentrieren? Was hat mir geholfen bei der Aufgabe/Tätigkeit zu bleiben?
Habe mir im Vorfeld eine Erinnerungsfunktion ins Handy eingerichtet mit Motivationstext (»Los jetzt: Räum die Küche auf – Du schaffst es! Danach fühlst du dich besser!«); habe im Vorfeld eine Check-Liste geschrieben, mit einer Auflistung der notwendigen Arbeitsschritte (von Spülmaschine ausräumen bis hin zu Müllentsorgen); habe mir vorgestellt wie schön es ist, am Sonntag in einer sauberen Küche zu Frühstücken. ☺

War die Durchführung dieser Aufgabe/Tätigkeit von mir geplant?
Ja! Hatte mir Anfang der Woche eine »To do-Liste« mit den anfallenden (Haus-) Arbeiten für diese Woche geschrieben.

Die regelmäßige (schriftliche) Durchführung dieser Übung kann zum einen Ihre Erinnerungsfähigkeit schulen und darüber hinaus bewirken, dass Sie sich bewusster auf die jeweilige Aufgabe/Tätigkeit konzentrieren.

Um ihnen die schriftliche Bearbeitung dieser Übung zu erleichtern, haben wir für Sie das Arbeitsblatt 3.5 »Mein Gedächtnisprotokoll« auf S. 86 bereitgestellt.

3.3.5 »Problem«: Es fällt mir schwer in Gesprächen aufmerksam zuzuhören und »bei der Sache zu bleiben«

Lösungsvorschlag: Das »Augen zu und Ohren auf«-Training

Mittels des *»Augen zu und Ohren auf«*-Trainings können Sie Ihre Fertigkeiten trainieren, mit der Aufmerksamkeit (länger) ganz und ausschließlich bei einem Gespräch zu bleiben. Vielleicht ist es Ihnen schon (bei sich selbst oder anderen) aufgefallen, dass wir beim Zuhören manchmal automatisch die Augen schließen, wenn wir besonders gut zuhören wollen/müssen, um uns noch besser auf das Gesagte zu konzentrieren.

Wie bereits im Titel ersichtlich, handelt es sich um ein *Training* – d. h. Sie sollen ab jetzt *nicht* all Ihre Gespräche auf diese Art und Weise durchführen. Es geht also nur darum, die Fertigkeit zum konzentrierten Zuhören etwas intensiver zu üben – gehen Sie dazu folgendermaßen vor:

- Bitten Sie einen guten Freund oder Freundin, Sie bei diesem Training zu unterstützen und mit Ihnen ein Gespräch unter »besonderen Bedingungen« zu führen. Verzichten Sie bei dem Gespräch auf einen wichtigen Sinn (= das Sehen), indem Sie Ihre Augen schließen und sich ganz auf Ihre Ohren verlassen.

- Alternativ zum Augenschließen können Sie das Gespräch auch Rücken an Rücken führen, sodass Sie Ihren Gesprächspartner nicht direkt »im Auge« haben.
- Achten Sie darauf, dass Sie sich gegenseitig *ausreden lassen* (d.h. sich nicht gegenseitig ins Wort fallen).
- Bevor geantwortet wird, soll zunächst das Gehörte mit eigenen Worten wiederholt und dann der Gesprächspartner gefragt werden: »*Habe ich alles richtig verstanden?*«. Erst wenn der Gesprächspartner sein Okay dazu gibt, wird geantwortet.
- Begrenzen Sie die Zeit zur Durchführung des »*Augen zu und Ohren auf*«-Training: für den Anfang sind sicherlich *fünf Minuten* ausreichend. Steigern Sie das Training nach und nach auf bis zu 20 Minuten.
- Um sich voll und ganz auf das »*Augen zu und Ohren auf*«-Training zu konzentrieren, empfiehlt es sich, einen Zeitmesser einzusetzen, der Ihnen akustisch signalisiert, dass die eingestellte Zeit abgelaufen ist.

Noch eine Empfehlung zum Schluss: das »*Augen zu und Ohren auf*«-Training kann mental sehr anstrengend sein; schließlich geht es ja darum, dass Sie sehr genau zuhören und sich durch »nichts und niemand« ablenken lassen.

Deshalb sollten Sie diese Übung nicht zu oft, am besten 1–2× pro Woche durchführen, so dass Sie sich zwischen den Trainingssitzungen ausreichend erholen können.

Übersicht über die Arbeitsblätter aus Kapitel 3:

Arbeitsblatt 3.1: Selbstmanagement bei ADHS

Fragen, Bemerkungen und Gedanken zu diesem Kapitel

Bitte schreiben Sie an dieser Stelle Ihre Fragen, Bemerkungen und Gedanken auf, die durch das Lesen dieses Kapitels ausgelöst worden bzw. entstanden sind.

Arbeitsblatt 3.2: Selbstmanagement bei ADHS

Meine Ablenkungs-Förderer und Aufmerksamkeits-Halter

Ablenkungs-Förderer	Aufmerksamkeits-Halter

Fazit:

Unter welchen Bedingungen: • bin ich schnell/leicht abgelenkt? • bin ich unaufmerksam? • fällt es mir schwer, mir etwas zu merken?	Unter welchen Bedingungen kann ich mich: • am besten auf eine Aufgabe konzentrieren? • meine *Aufmerksamkeit* am besten bei einer Aufgabe *halten?*

Arbeitsblatt 3.3: Selbstmanagement bei ADHS

Mein Aufmerksamkeits-Halter-Trainer

Meine durchschnittliche Aufmerksamkeits-Spanne vor Beginn des Trainings lag bei: ________________ Minuten

Meine durchschnittliche Aufmerksamkeits-Spanne liegt jetzt nach dem Training bei: ________________ Minuten

Das entspricht einer **Steigerung** von: ________________ Minuten bzw. einer **Verbesserung** von: ________________ %

	Aufmerksamkeits-Spanne Woche 1	Aufmerksamkeits-Spanne Woche 2	Aufmerksamkeits-Spanne Woche 3	Aufmerksamkeits-Spanne Woche 4
Mo.				
Di.				
Mi.				
Do.				
Fr.				
Sa.				
So.				

Arbeitsblatt 3.4: Selbstmanagement bei ADHS

Mein Achtsamkeits-Trainer

Um einen Überblick über Ihren Fortschritt/Ihre Verbesserung zu bekommen, tragen Sie bitte Ihre täglichen Erfahrungen bei der Durchführung der Achtsamkeits-Übungen in die folgende Tabelle ein:

	Montag	Dienstag	Mittwoch	Donnerstag	Freitag	Samstag	Sonntag
Welche Achtsamkeits-Übung?							
Wie lange? Wie oft?							
Ich habe heute […] gemerkt, wie meine Aufmerksamkeit von der Achtsamkeits-Übung weggeht	0 = gar nicht 1 = schwer/kaum 2 = leicht/sehr gut	0 = gar nicht 1 = schwer/kaum 2 = leicht/sehr gut	0 = gar nicht 1 = schwer/kaum 2 = leicht/sehr gut	0 = gar nicht 1 = schwer/kaum 2 = leicht/sehr gut	0 = gar nicht 1 = schwer/kaum 2 = leicht/sehr gut	0 = gar nicht 1 = schwer/kaum 2 = leicht/sehr gut	0 = gar nicht 1 = schwer/kaum 2 = leicht/sehr gut
Ich konnte heute meine Aufmerksamkeit […] auf die Achtsamkeits-Übung zurücklenken:	0 = gar nicht 1 = schwer/kaum 2 = leicht/sehr gut	0 = gar nicht 1 = schwer/kaum 2 = leicht/sehr gut	0 = gar nicht 1 = schwer/kaum 2 = leicht/sehr gut	0 = gar nicht 1 = schwer/kaum 2 = leicht/sehr gut	0 = gar nicht 1 = schwer/kaum 2 = leicht/sehr gut	0 = gar nicht 1 = schwer/kaum 2 = leicht/sehr gut	0 = gar nicht 1 = schwer/kaum 2 = leicht/sehr gut
Insgesamt konnte ich mich heute […] auf die Achtsamkeits-Übung konzentrieren:	0 = gar nicht 1 = schwer/kaum 2 = leicht/sehr gut	0 = gar nicht 1 = schwer/kaum 2 = leicht/sehr gut	0 = gar nicht 1 = schwer/kaum 2 = leicht/sehr gut	0 = gar nicht 1 = schwer/kaum 2 = leicht/sehr gut	0 = gar nicht 1 = schwer/kaum 2 = leicht/sehr gut	0 = gar nicht 1 = schwer/kaum 2 = leicht/sehr gut	0 = gar nicht 1 = schwer/kaum 2 = leicht/sehr gut

Arbeitsblatt 3.5: Selbstmanagement bei ADHS

Mein Gedächtnisprotokoll

Datum	Uhrzeit	Durchgeführte Aktivität	War die Durchführung dieser Aufgabe/Tätigkeit geplant?	Was hat mir geholfen, bei der Aufgabe/Tätigkeit zu bleiben?

Arbeitsblatt 3.6: Selbstmanagement bei ADHS

Mein Übungsprotokoll

Name der Übung/ Strategie	Mo	Di	Mi	Do	Fr	Sa	So
	☹ 😐 ☺	☹ 😐 ☺	☹ 😐 ☺	☹ 😐 ☺	☹ 😐 ☺	☹ 😐 ☺	☹ 😐 ☺

4 Selbstmanagement-Strategien zur Steigerung von Selbstorganisation

Was sind die Ziele und Inhalte dieses Kapitels?

Im Folgenden wollen wir Ihnen relevante Informationen zu dem Thema *Desorganisation und »Chaos« bei ADHS* geben und Ihnen einige Strategien und Methoden vorstellen, mittels deren Sie »chaotisches« Verhalten wie auch »Aufschieberitis« verringern und ihre *Selbst-Organisation sowie ihre Planungsfertigkeiten* verbessern können.

Am besten Sie legen sich schon mal Schreibmaterial (Notizblock, Textmarker und Kuli) zurecht, damit Sie wichtige Textpassagen markieren und Ihre Fragen, Gedanken und Anmerkungen zu diesem Kapitel notieren können (Arbeitsblatt 4.1 auf S. 116).

4.1 Woran erkenne ich desorganisiertes Verhalten bzw. einen Mangel an Selbstorganisation?

Kennen Sie das?

Anzeichen einer Störung in der Selbst-Organisation

- ☐ Ich habe Probleme, mir die Zeit für häusliche Aufgaben/Arbeitsaufträge/zum Lernen einzuteilen.
- ☐ Ich habe Schwierigkeiten etwas zu planen und/oder den gefassten Plan konsequent einzuhalten.
- ☐ Bei anfallenden Aufgaben habe ich häufig »Startschwierigkeiten«, beginne meistens zu spät und komme dann zeitlich aber auch gefühlsmäßig ganz schön unter Druck.
- ☐ Ich schiebe (langweilige) Alltagsaufgaben gerne vor mir her.
- ☐ Ich ertappe mich des Öfteren dabei, dass ich anfallende Arbeiten »irgendwie« beginne, d.h. ohne mir vorher überlegt zu haben, was ich dafür benötigen werde bzw. wie lange mich diese Arbeit in Anspruch nehmen wird.
- ☐ Ich habe Probleme, mich an ein Zeitschema zu halten, und komme deshalb häufig in Zeitnot bzw. Zeitverzug.
- ☐ Ich springe von einer Arbeit zur nächsten, ohne das Begonnene abzuschließen.
- ☐ Anstatt eines Terminkalenders führe ich eine »Zettelwirtschaft« und kann deshalb nur schwer den Überblick über all meine Termine behalten bzw. vergebe diese mehrfach.
- ☐ Ich komme regelmäßig zu spät zu Verabredungen oder vergesse diese ganz.
- ☐ Es fällt mir schwer, Ordnung in der Wohnung bzw. am Arbeitsplatz zu halten oder diese Bereiche (wieder) aufzuräumen.
- ☐ Aufgrund der Unordnung in der Wohnung oder am Arbeitsplatz fällt es mir schwer, Dinge bzw. Gegenstände wieder zu finden.

- ☐ Es fällt mir schwer Dinge wegzuwerfen, sodass sich alles Mögliche in meiner Wohnung bzw. am Arbeitsplatz stapelt.
- ☐ Anstatt etwas gleich an die richtige Stelle zu tun bzw. es sofort aufzuräumen, stelle ich es irgendwo in der Wohnung ab.
- ☐ Ich habe generell Organisationsschwierigkeiten zuhause/in der Schule/bei der Arbeit.

Die oben genannten Beispiele lassen sich der folgenden ADHS-spezifischen Kategorie zuordnen:

Desorganisiertes Verhalten bei ADHS im Erwachsenenalter nach Wender (1995)	
Schwierigkeiten mit der Selbstorganisation, z. B.:	• Aktivitäten werden schlecht geplant und organisiert. • Desorganisation bei der Arbeit, im Haushalt oder im schulischen Bereich. • Aufgaben werden oft nicht zu Ende gebracht. • Man wechselt oft planlos zur nächsten Aufgabe. • Man hat Schwierigkeiten in der zeitlichen Organisation. • Zeitpläne oder Termine werden nicht eingehalten.

Das Gemeinsame an den oben genannten Problembereichen ist:

Es fällt einem schwer, sich selbst zu organisieren, Ordnung zu halten, planvoll bzw. zielgerichtet zu handeln, beständig »am Ball zu bleiben« und etwas (termingerecht) abzuschließen.

Viele Betroffene mit ADHS im Erwachsenenalter leiden unter den oben genannten Besonderheiten und Verhaltensweisen. Dies lässt sich leicht nachvollziehen, weil Desorganisation sowie mangelnde Selbstmanagement-Fertigkeiten für den ADHS-Betroffenen und sein Umfeld mehr oder weniger große Probleme nach sich ziehen können, z. B.:

Gefahren einer Störung in den Bereichen Selbstorganisation bei ADHS-Betroffenen

- »Chaotische« Zustände in der Wohnung (i.S. von Unordnung, bis hin zu »chaotischen Zuständen« und Verwahrlosung), was Streit mit dem Partner/der Partnerin bzw. Ärger mit dem Vermieter provozieren und zu hohen Folgekosten für Reinigung und Sanierung führen kann.
- Schwierigkeiten Gegenstände/Dinge wiederzufinden, da diese »irgendwo« in der Wohnung oder am Arbeitsplatz abgelegt werden.
- »Stress« mit dem Partner/der Partnerin, Freunden oder den Arbeitskollegen, weil Absprachen, Verabredungen oder (Abgabe-)Termine nicht pünktlich eingehalten bzw. gänzlich »verschwitzt« werden.
- Selbstvorwürfe bzw. negatives Selbstbild, da wichtige Aufgaben in Beruf und Privatleben nicht »nach Plan« durchgeführt bzw. nicht (erfolgreich) abgeschlossen werden.

Falls Sie auch zu den ADHS-Betroffenen mit Einschränkungen bzw. Schwierigkeiten in den Bereichen *Selbstmanagement* und *Selbstorganisation* gehören, d. h. Schwierigkeiten haben planvoll sowie zielgerichtet zu handeln oder häufig sogar »im Chaos versinken«, wollen wir Ihnen auf den folgenden Seiten exemplarisch einige Lösungsstrategien anbieten, als »Hilfe zur Selbsthilfe«.

4.2 Was Sie selbst tun können bei ADHS-bedingten Schwierigkeiten in der Selbstorganisation

Bevor man etwas zum Guten oder Besseren verändert, sollten man erst mal den momentanen »IST-Zustand« erfassen, d. h. eine persönliche Bestandsaufnahme machen.

Verschaffen Sie sich deshalb zunächst einen Überblick über Ihre alltagsbezogenen Schwierigkeiten, indem Sie sich beispielsweise die folgende Frage stellen:

Denkaufgabe:

Unter welchen Bedingungen/bei welchen Gelegenheiten fällt es mir SCHWER meine Wohnung bzw. meinen Arbeitsplatz in Ordnung zu halten bzw. wieder aufzuräumen, den Überblick über meine Termine zu behalten, mir meine Zeit einzuteilen bzw. Zeitvorgaben einzuhalten, nach Plan zu handeln, Aufgaben frühzeitig zu beginnen, diese bis zum Abschluss durchzuhalten und rechtzeitig fertig zu stellen?

Diese Bedingungen wollen wir im Folgenden *Chaos-Stifter* nennen.

Genauso sinnvoll kann es sein, sich eine Woche lang mal aufmerksam zu beobachten, um seinen persönlichen *Chaos-Stifter* zu identifizieren und diese aufzuschreiben. Im Folgenden finden Sie einige Beispiele dafür.

Unter folgenden Bedingungen/Gelegenheiten fällt es mir SCHWER, meine Wohnung/meinen Arbeitsplatz in Ordnung zu halten bzw. wieder aufzuräumen, den Überblick über meine Termine zu behalten, mir meine Zeit einzuteilen bzw. Zeitvorgaben einzuhalten, nach Plan zu handeln, Aufgaben frühzeitig zu beginnen, diese bis zum Abschluss durchzuhalten und rechtzeitig fertig zu stellen:

- ☹ Wenn ich mir bei anfallenden Arbeiten keinen Plan mache, sondern einfach nach gut Glück »irgendwo« bzw. »irgendwie« anfange.
- ☹ Wenn ich mir Termine nicht sofort aufschreibe und diese dann deshalb häufig vergesse.
- ☹ Wenn ich statt *eines* Terminplaners nur eine ungeordnete »Zettelwirtschaft« führe; diese Zettel gehen dann öfters verloren, sodass ich keinen Überblick mehr über meine Termine habe.
- ☹ Wenn ich aus Gefälligkeit Extra-Aufgaben von den Kollegen übernehme. Dadurch bleibt häufig zu wenig Zeit für meine eigentlichen bzw. täglichen Aufgaben.

☹ Wenn ich in meiner Wohnung Dinge einfach irgendwo hinlege, anstatt diese gleich an die richtige Stelle (z. B. Regal oder Spülmaschine) zu legen bzw. diese gleich aufzuräumen. Irgendwann ist das Chaos dann so groß, dass ich gar nicht mehr weiß, wie ich das jemals wieder in Ordnung bringen soll.

☹ Wenn ich Termin-Aufgaben weit von mir wegschiebe, indem ich mir sage: »Das hat auch noch bis morgen Zeit«. Meistens bleibt dann zu wenig Zeit übrig, was mir großen Stress (und viele schlaflose Nächte) bereitet.

☹ Wenn ich meine Tasche erst am Morgen unter Zeitdruck packe und dann häufig die Hälfte vergesse.

Sie sollten sich aber auch einen Überblick verschaffen, unter welchen Bedingungen/bei welchen Gelegenheiten Sie sich bereits gut selbst organisieren können.

Denkaufgabe:

Unter welchen Bedingungen/bei welchen Gelegenheiten kann ich GUT meine Wohnung bzw. meinen Arbeitsplatz in Ordnung halten bzw. wieder aufräumen, den Überblick über meine Termine behalten, mir meine Zeit einzuteilen bzw. Zeitvorgaben einhalten, nach Plan handeln, Aufgaben frühzeitig beginnen, diese bis zum Abschluss durchzuhalten und rechtzeitig fertig stellen?

Diese Bedingungen wollen wir Ordnungs-Halter nennen.

Schreiben Sie sich auch diese positiven Ereignisse auf, denn diese können einen wichtigen »Schlüssel zum Erfolg« darstellen und Ihnen den richtigen Weg weisen. Im Folgenden finden Sie einige Beispiele dafür:

Unter folgenden Bedingungen/Gelegenheiten kann ich GUT meine Wohnung/meinen Arbeitsplatz in Ordnung halten bzw. wieder aufräumen, den Überblick über meine Termine behalten, mir meine Zeit einteilen bzw. Zeitvorgaben einhalten, nach Plan handeln, Aufgaben frühzeitig beginnen, diese bis zum Abschluss durchhalten und rechtzeitig fertig stellen:

- ☺ Wenn ich höchstens 60% meiner Zeit pro Tag verplane, damit ich genug Puffer für Unerwartetes und »Trödeleien« habe.
- ☺ Wenn ich all meine Termine in EINEN Terminkalender notiere und keine Zusagen mache, ohne kontrolliert zu haben, ob dafür noch Zeit ist.
- ☺ Wenn ich wichtige Termine in die »Erinnerungsfunktion« des Handys einprogrammiere und/oder gute Freunde bitten, mich rechtzeitig daran zu erinnern.
- ☺ Wenn ich alles gleich an den richtigen Platz (z. B. in den dafür vorgesehen Ordner oder Schublade) lege und damit Unordnung oder »Chaos« am Arbeitsplatz oder in der Wohnung minimiere.
- ☺ Wenn ich mich regelmäßig selbst motiviere, indem ich mir sage: »Du schaffst das schon!«.
- ☺ Wenn ich mir für anfallende Aufgaben einen Plan mache und diesen auch einhalte bzw. bei Bedarf anpasse, sodass es funktioniert.
- ☺ Wenn ich mir nicht zu viel vornehme, sondern große Aufgaben immer in kleine »machbare« Teilbereiche aufteile (»Mundgerechte, Essbare-Portionen-Taktik«). Mit dieser Strategie bekomme ich nie das Gefühl, vor einem unüberwindbaren Berg zu stehen.
- ☺ Wenn ich für langweilige Alltagsaufgaben, z. B. die Wohnung saugen, einen festen Tag reserviere (z. B. immer mittwochabends) und mich anschließend dafür belohne.
- ☺ Wenn ich bereits am Abend zuvor alle wichtigen Unterlagen/Dinge für den kommen Tag bereitlege.

Fassen Sie dann Ihre Beobachtungen zusammen indem Sie sich überlegen, unter welchen Bedingungen es Ihnen *schwer* fällt sich zu organisieren und planvoll zu handeln (= »Chaos-Förderer«) und auch unter welchen Bedingungen Sie bereits wirksam Termine oder Zeitvorgaben einhalten, Pläne ausarbeiten und umsetzen sowie Ihre Arbeitsabläufe wirksam organisieren, d. h. sich *gut* selbst managen können (= »Ordnungs-Halter«).

Auf dem Arbeitsblatt 4.2 »Meine Chaos-Förderer und Ordnungs-Halter« auf S. 117 können Sie Ihre Beobachtungen und Erkenntnisse übersichtlich und kompakt eintragen.

Versuchen Sie in den nächsten Wochen dann möglichst oft:

1. »Chaos-Förderer« zu reduzieren oder diese gänzlich abzustellen.
2. Bedingungen herzustellen oder aufzusuchen, bei denen Sie sich besonders GUT selbst organisieren bzw. selbst managen können; d. h. setzen Sie so oft es geht Ihre »Ordnungs-Halter« ein!

Haben Sie dabei Geduld mit sich selbst, nach und nach kann alles BESSER werden – ständiges Training zahlt sich aus!

4.3 »Probleme« und Lösungsstrategien

In den folgenden Abschnitten finden Sie exemplarisch bewährte Lösungsstrategien bei ADHS-bezogenen Schwierigkeiten in der Selbstorganisation.

Am besten Sie suchen sich zunächst *eine* der hier beschriebenen *Lösungsstrategien* aus und testen diese *im Verlauf der nächsten Wochen.*

Gehen Sie problemorientiert vor, d. h. überprüfen Sie zunächst, welche Anzeichen von Störungen der Selbstorganisation bei Ihnen am stärksten ausgeprägt sind oder unter welchen Anzeichen Sie am stärksten leiden.

Sollten Sie den Eindruck gewinnen, dass alle Anzeichen einer Störung der Selbstorganisation bei Ihnen vorliegen, suchen Sie sich die Strategien aus, die Sie am leichtesten bzw. am schnellsten umsetzen können.

Um den Überblick über die eingesetzten Strategien zu behalten, kann es hilfreich sein zu protokollieren, WANN (Datum/Uhrzeit) und mit WELCHEM Erfolg man diese Strategien eingesetzt hat.

Um ihnen die Protokollierung zu erleichtern, haben wir für Sie das Arbeitsblatt 4.7 »Mein Übungsprotokoll« auf S. 124 bereitgestellt.

Auf dem Arbeitsblatt können Sie auf übersichtliche Art und Weise den Namen der eingesetzten Übung/Strategie und das Datum eintragen, sowie protokollieren, wie erfolgreich Sie bei der Anwendung der Strategie bzw. Durchführung der Übung gewesen sind. Zur einfacheren Darstellung des Erfolgs (=wie erfolgreich war die Anwendung) können Sie auf folgende Darstellung mittels »Smiley« zurückgreifen:

☹ = nicht so erfolgreich,
😐 = geht so/verbesserungswürdig,
☺ = erfolgreich bis sehr erfolgreich.

Name der Übung/ Strategie	Mo	Di	Mi	Do	Fr	Sa	So
Die »Verschaff Dir einen Überblick«-Strategie	☺	😐	😐	😐	☺		☺
Die »Bring Abwechslung in Deine Routine«-Strategie	😐		☹	☺	☺	😐	☺

Bitte denken Sie daran: Sie können nicht jeden Tag (gleich) gute Resultate haben. Aber: Wenn Sie »am Ball bleiben«, dann werden Sie erfolgreich sein!

4.3.1 »Problem«: Eigentlich weiß ich gar nicht so genau, welches meine *wiederkehrenden* Aufgaben, Termine sowie Verpflichtungen sind

Lösungsvorschlag: Die »Verschaff Dir erst mal einen Überblick«-Strategie

Mit der »*Verschaff Dir erst mal einen Überblick*»-Strategie kann es Ihnen in Zukunft leichter fallen, den Überblick über all Ihre wiederkehrenden bzw. »festen« Termine – Aufgaben und Verpflichtungen zu behalten.

Um sich einen möglichst genauen Überblick über all seine regelmäßigen/wiederkehrenden Aufgaben, Termine und Verpflichtungen zu verschaffen, ist es hilfreich, sich die folgenden drei Fragen zu stellen:

1. Welches sind meine *täglichen* Aufgaben/Termine/Verpflichtungen?
2. Welche Aufgaben/Termine/Verpflichtungen fallen nur *1x pro Woche* an?
3. Welche Aufgaben/Termine/Verpflichtungen fallen nur *selten bzw. periodisch* an?«.

Dabei ist es wichtig, diese Überlegungen nicht nur »im Kopf« durchzuführen, sondern auch auf übersichtliche Art und Weise schriftlich zu fixieren, z. B. auf folgende Art und Weise:

Meine täglichen Aufgaben/Termine/Verpflichtungen	
Was muss getan werden?	**Wann genau?**
• »To do-Liste« für den heutigen Tag schreiben	*06:20 Uhr*
• Lena zur Schule fahren	*07:30 Uhr*
• Abendessen richten	*18:00 Uhr*
Meine wöchentlichen Aufgaben/Termine	
Was muss getan werden?	**Wann genau?**
• Staubsaugen	*Mo. Morgen*
• (Wochen-)Einkauf	*am Sa.*
• Wäsche waschen	*am WE*
Meine periodisch anfallenden Aufgaben/Termine	
Was muss getan werden?	**Wann genau?**
• Außenanlage rund ums Haus säubern	*Alle drei Wochen*
• Steuererklärung	*Bis Ende Januar des neuen Jahres*

Falls mehrere Menschen (z. B. Familie, Lebens- oder Wohngemeinschaft) in einem Haushalt zusammenleben, dann sind in der Regel verschiedene Termine aufeinander abzustimmen. Auch in diesem Fall kann die »*Verschaff Dir erst mal einen Überblick*«-Strategie eingesetzt werden, um die anderen darüber zu informieren welche Aufgaben/Termine/Verpflichtungen regelmäßig anstehen und:

✓ WER
✓ WELCHE Aufgaben
✓ WANN genau übernimmt bzw. durchführt.

Im Folgenden finden Sie am Beispiel einer »kleinen Familie« mit Mutter Verena (37 Jahre), Vater Max (43 Jahre) und Tochter Lena (14 Jahre), wie auf übersichtliche Art und Weise alle wiederkehrenden (= *täglichen, wöchentlichen* sowie *periodisch anfallenden*) Termine der verschiedenen Familienmitglieder eintragen werden können:

Tägliche Aufgaben/Termine/Verpflichtungen		
Was muss getan werden?	**Von wem?**	**Wann genau?**
• »To do Liste« für den heutigen Tag schreiben	*Max*	*06:20 Uhr*
• Frühstück richten	*Verena*	*06:30 Uhr*
• Lena zur Schule fahren	*Max*	*07:30 Uhr*
• Abendessen richten	*Max*	*18:00 Uhr*
• Tisch abdecken, Geschirr in die Spülmaschine einräumen	*Lena*	*18:30 Uhr*
Wöchentliche Aufgaben/Termine		
Was muss getan werden?	**Von wem?**	**Wann genau?**
• Staubsaugen	*Max*	*Mo. Morgen*
• Lena vom Karate abholen	*Verena*	*Di. 18:30 Uhr*
• Pfandflaschen wegbringen	*Lena*	*Do. nachmittags*
• (Wochen-)Einkauf	*Max*	*am Sa.*
• Wäsche waschen	*Max*	*am WE*
Periodisch anfallende Aufgaben/Termine		
Was muss getan werden?	**Von wem?**	**Wann genau?**
• »gelben Sack« vor die Haustür bringen	*Lena*	*Mi. Abend, alle 14 Tage*
• Außenanlage rund ums Haus säubern	*Max*	*Alle 3 Wochen*
• »Großer Hausputz« (inklusive Fensterputzen und sorgfältiges Badputzen)	*Max und Verena*	*Alle 4 Wochen (1. im Monat)*
• Steuererklärung	*Max*	*Bis Ende Januar des neuen Jahres*

Selbstverständlich sollten diese wiederkehrenden Termine bei Bedarf *regelmäßig aktualisiert,* d. h. auf den neusten Stand gebracht werden.

Sie können Ihre wiederkehrenden (= täglichen – wöchentlichen – periodischen) Aufgaben und Termine auf dem Arbeitsblatt 4.3 »Meine Termin-Übersicht« auf S. 118 eintragen.

Tipp:

☑ Diese Termin-Übersicht sollte nicht in einer Schublade »verstauben«, sondern an einem gut sichtbaren Ort in der Wohnung aufgehängt werden.

☑ Alle Beteiligte sollten dann regelmäßig kontrollieren, ob diese Auflistung noch aktuell ist und gegebenenfalls eine neue Termin-Übersicht zusammenstellen.

4.3.2 »Problem«: Ich würde gerne weniger Termine auf meine To do-Liste für den aktuellen Tag eintragen, weiß aber nicht, wie ich dies anstellen soll

Lösungsvorschlag: Die »A-B-C»-Strategie

Da der Tag nicht unbegrenzt Zeit bietet, muss natürlich entschieden werden, welche Aufgaben/Tätigkeiten oder Verabredungen HEUTE dringlich erledigt werden MÜSSEN und welche (noch) warten bzw. verschoben aber auch an andere delegiert werden können.

Um diese wichtige Entscheidung zu treffen, hat sich das sog. **A-B-C**-Schema bewährt, bei dem Aufgaben oder Tätigkeiten nach ihrer *Dringlichkeit* sowie ihrem *Abgabetermin* eingeteilt werden:

A	Wichtig + Dringlich = muss unbedingt HEUTE erledigt werden!
B	Wichtig = muss ZEITNAH bis zum … [Termin] erledigt werden.

C	Unwichtig oder nicht dringlich = kann noch WARTEN, muss bis zum … [Termin] erledigt werden.

Während *A-Kategorie*-Aufgaben und -Tätigkeiten UNBEDINGT heute zu erledigen sind, muss bei *B-Kategorie*-Aufgaben und -Tätigkeiten noch berücksichtigt werden, (bis) wann diese anstehen bzw. erledigt werden müssen. Bei *C-Kategorie*-Aufgaben und -Tätigkeiten muss dagegen überlegt werden, bis wann (Termin!) diese noch aufgeschoben werden können.

Im Folgenden finden Sie ein Beispiel für eine Einteilung von Aufgaben/Tätigkeiten nach dem **A-B-C**-Schema:

Meine A-B-C-Liste für den heutigen Tag			
Lena zur Schule fahren 07:30 Uhr	A	B	C
Präsentation erstellen bis Do. 11:30 Uhr (Abgabetermin ist Fr. 12.00 Uhr)	A	B	C
Zahnarzt 11.30 Uhr	A	B	C
Auto putzen (kann bis zum Wochenende warten)	A	B	C

Selbstverständlich muss diese Einteilung täglich aktualisiert werden, damit diese auf dem neusten Stand bleibt.

Sie können die Übersicht Ihrer Aufgaben und Tätigkeiten auf dem Arbeitsblatt 4.4 »Meine A-B-C-Liste« auf S. 119 eintragen.

Nachdem Sie alle wichtigen und/oder dringlichen Aufgaben für den (aktuellen) Tag identifiziert haben, können Sie nun eine tagesaktuelle To-do-Liste erstellen – im Folgenden finden Sie ein Beispiel dafür:

Meine To-do-Liste für den heutigen Tag			
Was ist HEUTE unbedingt zu tun?		**Bis wann?**	**Erledigt?**
1.	Lena zur Schule fahren	07:30 Uhr	✓
2.	Zahnarzt-Termin	11.30 Uhr	✓
3.	Steuerberater anrufen	13:00 Uhr	✓
4.	Präsentation erstellen	18:30 Uhr	

Damit Ihre To-do-Liste auch aktuell bleibt, muss diese selbstverständlich *täglich* erstellt werden. Dies kann beispielsweise am Abend zuvor geschehen oder auch am jeweiligen Tag früh morgens – ganz nach Belieben bzw. zur Verfügung stehender Zeit.

Sie können Ihre Aufgaben und Termine für den jeweiligen Tag auf dem Arbeitsblatt 4.5 »Meine To-do-Liste/Was heute zu schaffen ist« auf S. 120–121 eintragen.

Überprüfen Sie am Ende des Tages unbedingt (nochmals) Ihre *To-do-Liste.* Überlegen Sie dann, was Sie erreicht haben (☺ *»Geschafft!«)* und welche Aufgaben nicht erfüllt werden konnten oder noch nicht abgeschlossen sind: diese nicht abgearbeiteten Aufgaben und Termine müssen selbstverständlich in die Planung des nächsten Tages einfließen. Kontrollieren Sie auch, wie Ihre Zeiteinteilung funktioniert hat und ob Ihre Zeitvorgaben zu kurz oder zu lang waren. Nutzen Sie diese Erkenntnisse, um die Planung Ihrer To-do-Liste für den nächsten Tag zu optimieren.

Tipp:

- ☑ Führen Sie nur *eine »To-do«-Liste,* d.h. vermeiden Sie auf jeden Fall eine »Zettelwirtschaft«.
- ☑ Bei der Zeit- und Terminplanung muss nicht nur bedacht werden bis *wann* eine Aufgabe zu erledigen und/oder ein Termin wahrzuneh-

men ist, sondern es ist auch zu berücksichtigen, *wie viel Zeit* die jeweilige Aufgabe/der jeweilige Termin in Anspruch nehmen wird.

☑ Berücksichtigen Sie bei auswärtigen Terminen (z. B. dem Zahnarztbesuch oder der Abholung der Tochter vom Karate-Training) unbedingt auch die benötigte *Fahrzeit.*

☑ Da jeden Tag auch Störungen und unvorhergesehene Komplikationen auftreten, ist es sinnvoll *Pufferzeiten* einzuplanen. Dabei hat sich die 60%–40% Regel bewährt, die besagt, dass maximal 60% der (Arbeits-)Zeit fest verplant werden kann und 40% frei bleibt. Erfreulicher »Nebeneffekt«: Falls die Zeiteinteilung nach Plan funktioniert, bleiben die Pufferzeiten immer als Pausen zwischen verschieden Aufgaben und Tätigkeiten über und können zur Erholung genutzt werden.

☑ Eliminieren Sie »Störenfriede«, Ablenker und Zeitfresser, damit Sie zielgerichtet und effektiv die einzelnen Aufgaben auf Ihrer *»To-do»-* bzw. *»Was HEUTE zu schaffen ist«* -Liste abarbeiten können. Hängen Sie ein »Bitte nicht stören«-Schild an Ihre Tür und informieren Sie die Familie bzw. Ihre Arbeitskollegen, dass Sie für die nächste [Minuten, Stunden] Zeit nicht gestört werden möchten. Stellen Sie Telefon und Handy auf lautlos, schalten es ganz aus oder bitten Sie Ihre Familienmitglieder oder Kollegen, für Sie Telefonate anzunehmen. Deaktivieren Sie alle Instant-Messanger und schalten Sie den Sound für ankommende Nachrichten in Ihrem E-Mail-Programm aus. Überprüfen Sie regelmäßig, ob Sie noch »bei der Sache« sind!

Eine wichtige Bemerkung zum Schluss: Schon die Planung und noch mehr die Abarbeitung Ihrer Aufgaben und Tätigkeiten sind definitiv eine LEISTUNG und verdient eine ☺ *Belohnung.*

Überlegen Sie sich deshalb, bereits während Sie Ihre To-do-Liste zusammenstellen, eine mögliche Belohnung dafür.

Sparen Sie auch nicht mit *Lob,* denn: In der (Selbst-)Anerkennung liegt die Kraft, die Sie für die Bewältigung von weiteren Aufgaben und Tätigkeiten motiviert.

Im Folgenden finden Sie einige Möglichkeiten, um sich selbst Lob für erledigte Aufgaben und Tätigkeiten auszusprechen:

☺ Das habe ich (besonders) gut gemacht!
☺ Ich bin (sehr) stolz auf mich!
☺ Dafür möchte ich mir ein großes Lob aussprechen!
☺ Dafür möchte ich mich feiern!
☺ Dafür kann ich mir anerkennend auf die Schulter klopfen!
☺ Ich freu mich sehr (für mich)!
☺ Das war spitze! Weiter so!

4.3.3 »Problem«: Es fällt mir schwer überhaupt mit einer Aufgabe zu beginnen und/oder diese bis zum Schluss durchzuhalten

Lösungsvorschlag: »Ich packe es an und bleib dabei«-Strategie

Als Mittel gegen »Aufschieberitis«, Durchhalte- oder Motivationstiefs hat sich die Strategie *»Ich packe es an und bleibe dabei«* bewährt.

Diese Strategie kann Ihnen helfen, sich selbst angemessen zu motivieren und notwendige Aufgaben RECHTZEITIG anzugehen.

Zur Umsetzung der *»Ich packe es an und bleibe dabei»*-Strategie ist es notwendig, dass Sie die folgenden Fragen beantworten:

1. Was genau will/muss ich tun? [Beschreiben Sie Ihre Aufgabe möglichst genau]
2. Bis wann muss diese Aufgabe fertig werden? [Nennen Sie ein realistisches Datum/Zeitpunkt]
3. Was passiert (mir), wenn ich dieses Zeitlimit *nicht* einhalte? [Machen Sie sich die negativen Konsequenzen klar]
4. Wofür ist es gut, wenn ich an dieser Aufgabe dran bleibe und sie rechtzeitig abschließe? [Machen Sie sich die positiven Konsequenzen klar]

5. Wann muss ich spätestens beginnen, damit ich rechtzeitig fertig werde? Wieviel »Zeitpuffer« für Unerwartetes und »Motivations-Tiefs« habe ich berücksichtigt? [Überlegen Sie sich einen realistischen Zeitrahmen]
6. Wie kann ich mich selbst motivieren, diese Aufgabe anzufangen, durchzustehen und zu einem guten Abschluss zu bringen? [Überlegen Sie, wie Sie sich selbst motivieren können]
7. Wie/Mit was werde ich mich belohnen, wenn ich diese Aufgabe bewältigt habe? (Stellen Sie sich eine Belohnung in Aussicht)

Am besten, Sie beantworten die oben genannten Fragen schriftlich und hängen Ihren »*Ich packe es an und bleibe dabei*«-Plan an eine sichtbare Stelle, damit Sie ihn im Auge behalten können.

Auf dem Arbeitsblatt 4.6 »Ich packe es an und bleibe dabei« auf S. 122–123 können Sie Ihre Antwort auf die oben aufgeführten Fragen übersichtlich und kompakt eintragen.

Lassen Sie uns in den nächsten Abschnitten die einzelnen oben genannten Punkte anhand des Beispiels »Küche streichen« einmal näher erläutern:

Was genau will/muss ich tun?

(Beschreiben Sie Ihre Aufgabe möglichst genau)

Ich muss meine Küche streichen. Die Küche ist 25 m^2 groß, sodass ich dafür bei zweimal Anstrich ca. acht Liter weiße Farbe benötige.

Wie aus der obigen Beschreibung ersichtlich, sollte bei jeder zu tätigenden Aufgabe überlegt werden, welche Utensilien/Dinge/Gegenstände/… für die Durchführung einer Arbeit benötigt werden (in dem obigen Beispiel: Farbe, aber auch Pinsel, Klebeband und Abdeckfolie) und ob diese bereits vorhanden sind bzw. erst besorgt werden müssen.

Bis wann muss diese Aufgabe fertig werden?

(Nennen Sie ein realistisches Datum/einen realistischen Zeitpunkt)

Die Küchenwände müssen in einer Woche fertig gestrichen sein. Zu diesem Zeitpunkt werden die neuen Küchenmöbel von der Firma angeliefert und aufgebaut.

Bei der Festlegung des Endzeitpunktes ist zum einen zu berücksichtigen, ob es einen festen bzw. verbindlichen Termin gibt – dieser hat selbstverständlich Vorrang. Zum anderen empfiehlt es sich, nach dem Grundsatz zu handeln: *»Je schneller ich etwas erledige, desto eher kann ich meine Zeit wieder für anderes schöneres – wichtigeres, angenehmeres – nutzen«.*

Was passiert (mir), wenn ich dieses Zeitlimit nicht einhalte?

(Machen Sie sich die negativen Konsequenzen klar)

Die neuen Küchenmöbel können nicht aufgebaut bzw. Elektrogeräte nicht angeschlossen werden, was dazu führt, dass ich zum einen noch länger auf einer »Baustelle« lebe, ohne Möglichkeiten, mir etwas zu kochen und noch länger von Pizza und anderem Fast Food leben muss. Außerdem gibt es Ärger mit der beauftragten Firma, die den Liefertermin stornieren muss. Wer weiß, wie schnell ich einen Ersatztermin bekomme und ob dieser auch kostenlos ist. Dazu Selbstvorwürfe, weil ich (mal wieder) einen wichtigen Termin »verpeilt« habe.

Bestimmt kenne Sie den Satz: »Niemand ist eine Insel« – Denken Sie deshalb daran, dass unter Umständen nicht nur Sie selbst, sondern auch *andere Menschen* darunter leiden, wenn Sie eine Aufgabe nicht zu einem bestimmten, im Vorfeld festgelegten Zeitpunkt abschließen.

In dem obigen Beispiel »Küche streichen« ist es die Familie, die – genauso wie Sie selbst – länger auf einer Baustelle leben muss. Genauso folgenreich (und gefährlich!) ist es, wenn berufliche Abgabetermine nicht eingehalten werden, die Arbeitskollegen deshalb mit ihrer Arbeit nicht weiterkommen und das ganze Projekt ins Stocken gerät.

Erweitern Sie deshalb Ihren Blickwinkel und bedenken Sie an dieser Stelle nicht nur welche negativen Konsequenzen sich für Sie selbst ergeben, sondern schließen auch die anderen Betroffenen (Familie, Freunde, Arbeitskollegen) in diese Überlegung mit ein.

☞ *Planen und Handeln Sie immer so, dass der Schaden bzw. die negativen Konsequenzen für andere wie auch für Sie selbst minimiert und der Nutzen bzw. die positiven Konsequenzen für alle Beteiligte maximiert wird.*

Wofür ist es gut, wenn ich an dieser Aufgabe dran bleibe und sie rechtzeitig abschließe?

(Machen Sie sich die positiven Konsequenzen klar)

Schnell gesagt: keine Baustelle, kein Dreck, wieder Normalität in der Wohnung. Gemütliche Kochsessions und ein Treffpunkt für Familie und mit Freunden (wir halten uns alle gerne in unserer Wohnküche auf!).

Genauso wichtig ist es, sich die Vorteile bewusst zu machen: erledigte/abgeschlossene Aufgaben machen den »Kopf wieder frei«, d. h. man kann sich belohnen, erholen, entspannen und (wieder mehr) auf andere wichtige und/oder angenehme Aufgaben konzentrieren – und das ist schön!

Wann muss ich spätestens beginnen, damit ich rechtzeitig fertig werde? Wieviel »Zeitpuffer« für Unerwartetes und »Motivations-Tiefs« habe ich berücksichtigt?

(Überlegen Sie sich einen realistischen Zeitrahmen)

Ich habe mir extra Urlaub genommen und werde am Mi. damit beginnen. Zur Sicherheit setze ich einen Zeitrahmen von vier Tagen an. Das ist notwendig, weil die Farbe ja trocknen muss, bevor ich sie zum zweiten Mal auftragen kann. Für die Arbeit selbst habe ich insgesamt zwei Tage angesetzt. Jeweils einen halben Tag habe ich für die Besorgung der Utensilien (Farbe, Pinsel, Abdeckband, Abdeckfolie) im Baumarkt, die Vorbereitung des Raumes (Abkleben von Steckdosen und Rahmen) sowie die Endreinigung der Küche einkalkuliert. Ein Tag habe ich noch für Unvorhergesehenes sowie Motivationstiefs eingeplant. Falls ich diesen Zeitpuffer nicht brauchen sollte, bin ich auch nicht unglücklich, weil ich dann meinen Urlaub (länger) genießen kann!

Denken Sie bei der Planung von Arbeitsschritten auch an Ihre persönliche Leistungskurve, d. h. zu welcher Tageszeit (z. B. am Vor- oder Nachmittag) Sie am leistungsstärksten sind und nach wieviel Zeit Sie eine Pause brauchen. Bedenken Sie auch, welche einzelnen Arbeitsschritte (= »Meilensteine«) in welcher Reihenfolge zu bewältigen sind und wieviel Zeit für die einzelnen Arbeitsschritte eingeplant werden sollten.

Tipp:

- ☑ Die Kunst ist, weder zu viel, noch zu wenig Zeit für die Bewältigung oder Durchführung einer Aufgabe einzuplanen.
- ☑ Auf jeden Fall sollte Ihre (Zeit-)Planung realistisch bleiben und auch einen Zeitpuffer für Unerwartetes sowie »Durchhänger« vorsehen.

Im Folgenden finden Sie einen Vorschlag zur Erstellung einer Auflistung von Arbeitsschritten anhand unseres Beispiels »Küche streichen«:

	Arbeitsschritt	**Benötigte Zeit**	**Zeitplan**	**Erledigt?**
1.	Türen und Rahmen abkleben	30 Minuten	08:00–08:30 Uhr	
2.	Folie auslegen	30 Minuten	08:30–09:00 Uhr	
3.	☺ (Kaffee-)Pause	15 Minuten	09:00–09:15 Uhr	
4.	Erste Wand streichen	45 Minuten	09:15–10:00 Uhr	

Wie kann ich mich selbst motivieren, diese Aufgabe anzufangen, durchzustehen und zu einem guten Abschluss zu bringen?

(Überlegen Sie, wie Sie sich selbst motivieren können)

Ich sage mir zum einen meinen persönlichen Motivations-Satz: »Du schaffst das!« vor und stelle mir zum anderen in meiner Ziel-Vision bildhaft vor, wie schön es sein wird, wenn wir alle (Familie und Freunde) in der neuen Wohnküche sitzen, ein gutes Essen genießen und schöne Gespräche führen werden.

Wahrscheinlich kommt es bei fast jeder Aufgabe zu (mehr oder weniger unerwarteten) Hindernissen, Schwierigkeiten, Verzögerungen und auch Rückschlägen. Deshalb ist es wichtig, sich selbst zu motivieren, weiterzumachen, das Ganze durchzustehen und die Aufgabe zu einem guten Abschluss zu bringen.

In dem obigen Beispiel finden sich bereits zwei Möglichkeiten, um sich selbst zu unterstützen: Zum einen mit »Motivations-Sätzen« und zum anderen mit »Ziel-Visionen« – Lassen Sie uns diese zwei Begriffe kurz näher erklären.

Mein Motivations-Satz

Um einen persönlichen *Motivations-Satz* zu finden ist es hilfreich, sich folgende Frage zu stellen: »*Was würden ich einem guten Freund/einer guten Freundin zur Unterstützung sagen, wenn er oder sie bei einer Aufgabe in Schwierigkeiten kommt?*«

Sicherlich sind Ihnen jetzt viele passende Formulierungen eingefallen, die einer Freundin/einem Freund Zuversicht und Hoffnung geben können – jetzt sollten Sie versuchen, diese Sätze auf sich selbst anzuwenden – im Folgenden finden Sie eine Auswahl an Motivations-Sätzen:

☺ Ich kann das!
☺ Ich finde einen Weg!
☺ Ich schaffe das!
☺ Ich bekomm das hin!
☺ Alles wird gut!
☺ In der Ruhe liegt die Kraft!
☺ Ich liebe Herausforderungen!
☺ Ich halte das durch!

Meine Ziel-Visionen

Der Begriff *Ziel-Visionen* umschreibt Bilder, die Ihnen helfen können durchzuhalten, Hindernisse zu überwinden und etwas zu einem guten Abschluss zu bringen. Hierbei stellen Sie sich z. B. bildhaft vor, dass eine Aufgabe bereits gelöst ist – in unserem Beispiel: In der fertig gestrichenen Küche zu sitzen, in der bereits die Möbel aufgestellt und Küchengeräte angeschlossen sind, und mit Familie und Freunden ein wunderbares Essen zu genießen.

Sowohl Motivations-Sätze wie auch Ziel Visionen können Sie dabei unterstützen, Ihre Aufgaben (rechtzeitig) anzupacken, durchzuhalten und zu einem guten Abschluss zu bringen. Bedenken Sie dabei: Man kann sich gar nicht oft genug mit guten Worten (= Motivations-Sätze) oder hilfreichen Bildern (= Ziel-Visionen) hilfreich zur Seite stehen!

Wie/Mit was werde ich mich belohnen, wenn ich diese Aufgabe bewältigt habe?

(Stellen Sie sich eine Belohnung in Aussicht)

Ich werde mich mit einem Konzertbesuch belohnen und freu mich schon sehr darauf!

Nach der Ziel-Erreichung (»Herzlichen Glückwunsch!«) gilt es, sich zu belohnen und zu erholen – und zu guter Letzt: Sparen Sie auch nicht an Selbst-Lob! Würdigen Sie dabei nicht nur das positive Ergebnis (=Aufgabe erledigt), sondern auch Ihren Einsatz und Ihren (Durchhalte-)Willen.

Noch eine wichtige Bemerkung zum Schluss: Ganz ohne *Selbst-Wertschätzung* geht es nicht – damit ist gemeint, dass Sie sich selbst auch *dann* wertschätzen, wenn Sie mal keine Leistung erbracht und/oder keine Aufgabe abgeschlossen haben, denn: »*Ich bin gut so wie ich bin, auch wenn ich mal nichts oder nur wenig leiste!*«

Selbst-Wertschätzung ist unabhängig von der erbrachten Leistung.

Deshalb wollen wir Sie dazu ermutigen, einen der folgenden selbstwertschätzenden Sätze so oft wie möglich zu sich selbst zu sagen:

- Ich darf sein wie ich bin.
- Ich bin gut so wie ich bin.
- Ich bin für mich da.
- Ich pass auf mich auf.
- Ich stehe für mich ein.
- Ich vertraue auf meine innere Stärke.
- Ich achte und respektiere mich.
- Ich bin liebenswert.

4.3.4 »Problem«: Routine Aufgaben fallen mir echt schwer, da ich schnell gelangweilt bin, wenn sich etwas wiederholt

Lösung: »Bring Abwechslung in Deine Routine«-Strategie

Mit der *»Bring Abwechslung in Deine Routine»*-Strategie können Sie auf originelle Art und Weise etwas mehr »Pep« und auch Abwechslung in Ihre *wiederkehrenden* Aufgaben und Tätigkeiten bringen, die häufig als »langweilig« erlebt und deshalb nicht so gerne in Angriff genommen werden.

Dabei ist es wichtig, dass es sich um Aufgaben oder Tätigkeiten handelt, die zwar regelmäßig anstehen und innerhalb eines bestimmten Zeitraums (z. B.im Laufe einer Woche) durchgeführt werden müssen, aber nicht an einem bestimmten Tag und/oder zu einer bestimmten Uhrzeit.

Die Anwendung der *»Bring Abwechslung in Deine Routine»*-Strategie ist ganz einfach – Sie müssen dafür lediglich die folgenden Schritte umsetzen:

Notieren Sie alle Arbeiten, die 1x pro Woche gemacht werden sollten/müssen (z. B.: Wohnzimmer staubsaugen; Wäsche bügeln etc.) auf einzelne Zettel.

Legen Sie all diese Zettel mit den zu tätigenden Arbeiten in einen passenden (»Überraschungs-«)Behälter, sodass man nicht sofort erkennen kann, was darauf steht, und mischen Sie diesen gut durch.

Lassen Sie sich dann jeden Tag aufs Neue überraschen, indem Sie zu einer festgelegten Uhrzeit nach dem Zufallsprinzip einen Zettel aus dem Behälter ziehen, um dann die darauf aufgeführte Tätigkeit durchzuführen. Der Zettel mit der durchgeführten Tätigkeit kommt selbstverständlich nicht mehr zurück in den Behälter, da diese ja schon ausgeführt wurde.

Wiederholen Sie diese Handlung so lange, bis alle Zettel aus Ihrem (»Überraschungs-«)Behälter gezogen wurden und die darauf geschriebenen Arbeiten durchgeführt worden sind.

Nachdem Sie nun auf diese Art und Weise alle anfallenden Arbeiten mittels der *»Bring Abwechslung in Deine Routine»*-Strategie erfolgreich bewältigt haben, füllen Sie Ihren (»Überraschungs-«) Behälter wieder mit den dafür vorgesehen Zetteln auf und starten dann den nächsten Durchgang.

Tipp:

☑ Sie können auch einen Behälter mit »*Belohnungs-Zetteln*« (z. B. Entspannungsbad; eine Folge der Lieblingsserie anschauen) vorbereiten, um sich nach Erledigung der Aufgabe mit einer angenehmen Aktivität zu verwöhnen.

4.3.5 »Problem«: Immer, wenn ich mir etwas fest vorgenommen habe, fallen mir Tausend »gute« Argumente ein, warum ist es lieber doch nicht tun sollte

Lösungsvorschlag: »Entrümpeln Sie Ihre Blockade-Tasche«-Strategie

Vielleicht kennen Sie auch die hier aufgeführten *Blockade-Sätze:*

»Ach, heute ist so ein sonniger Tag, den möchte ich doch nicht am Computer verplempern«; »Dafür habe ich keine Zeit«; »Das habe ich schon immer so gemacht«; »Dafür habe ich kein Geld«; »Dafür bin ich jetzt schon zu alt«; »Das schaff ich heute sowieso nicht mehr«; »Jetzt ist es schon zu spät dazu«; »Das kann ich morgen auch noch erledigen«; »Damit anzufangen lohnt sich jetzt nicht mehr«; »Das ist zu aufwendig«; »Ich muss alles ohne Pause in einem Aufwasch machen«; …

Der gemeinsame Nenner von »Blockade-Sätzen« ist, dass Sie uns die Kraft und Motivation nehmen, um etwas anzupacken. Dies mag zwar kurzfristig angenehm bzw. entlastend wirken, löst aber keine Probleme, da die Arbeiten und Tätigkeiten ja trotzdem liegen bleiben.

Anstatt (uns) zu blockieren, sollten wir lieber (»Türöffner-«) Sätze finden, die uns motivieren etwas anzupacken bzw. es durchzustehen und es zu einem guten Abschluss zu bringen.

Die Anwendung der »*Entrümpeln Sie Ihre Blockade-Tasche*«-Strategie kann Sie dabei unterstützen, ermutigende/motivierende *Türöffner-Sätze* zu finden – gehen Sie dafür folgendermaßen vor:

Schreiben Sie all die Ihnen bekannten Blockade-Sätze auf einzelne Karten und legen diese in einen passenden Behälter (= »Blockade-Tasche«).

Greifen Sie des Öftern, am besten täglich in Ihre Blockade-Tasche und ziehen nach dem Zufallsprinzip eine Karte mit einem Blockade-Satz (z. B.: »*Das schaff ich heute sowieso nicht mehr*«).

Setzen Sie nun kritisch mit diesem »Blockade-Satz« auseinander – folgende Fragen können Sie bei diesem Reflektionsprozess unterstützen:

- Woher kommt dieser Blockade-Satz?
- Wo/Wie habe ich ihn gelernt?
- Wie lange glaube ich das schon bzw. seit wann rede ich mir das ein?
- Woran genau hindert mich dieser Blockade-Satz?
- Welche Vorteile habe ich durch diesen Blockade-Satz?
- Was könne ich stattdessen denken? Welcher Gedanke würde mir mehr helfen? Welcher Gedanke würde mich unterstützten, etwas anzupacken?

Formulieren Sie diesen Blockade-Satz (nur so zur Übung) um, sodass er sich ein einen *Türöffner-Satz* verwandelt; z. B.:

Blockade-Satz	**Türöffner-Satz**
»Damit anzufangen lohnt sich jetzt nicht mehr«	*»Ich muss heute nicht die ganze Arbeit schaffen – wenn ich heut noch damit anfange, dann wird der Berg jeden Tag etwas kleiner und ich habe bereits morgen etwas weniger zu tun«.*

Notieren Sie Ihre so gewonnen *Türöffner-Sätze* ebenfalls auf einzelne Karten – Sie können diese Karten in eine eigens dafür vorgesehene *Motivations-Tasche* legen. Es empfiehlt sich, auch 1x täglich in Ihre Motivations-Tasche zu greifen, um nach dem Zufallsprinzip eine Karte mit *Türöffner-Satz* zu lesen.

Selbstverständlich lässt sich eine (dauerhafte) Veränderung im Denken nicht »über Nacht« erreichen – aber: »Am Ball bleiben« lohnt sich, haben Sie Geduld mit sich selbst!

»Unser Kopf ist rund, damit das Denken die Richtung wechseln kann« (Francis Picabia)

4.3.6 »Problem«: Manchmal sieht meine Wohnung bzw. mein Arbeitsplatz so chaotisch aus, dass ich gar nicht weiß, wo ich überhaupt mit Aufräumen anfangen soll

Lösungsvorschlag: »Schaff Dir zunächst mal eine Oase«-Strategie

Der Begriff »Oase« bezeichnet einen Ort in einem ansonsten kargen Landstrich, an dem man dauerhaft leben kann.

Da in einem kargen Landstrich die zum (Über-)Leben notwendigen Ressourcen nur begrenzt zur Verfügung stehen, haben die dort ansässigen Menschen gelernt, die spärlich vorhandenen Mittel (wie z. B. Wasser) möglichst effektiv einzusetzen und sich nur auf wenige Landflächen zu konzentrieren. Durch diese Vorgehensweise lässt sich erreichen, dass selbst in der Wüste »grüne Landflecken« (= Oasen) entstehen, in denen man dauerhaft leben kann.

Wenn die Mittel begrenzt sind, muss immer wieder entschieden werden, was »gehegt und gepflegt« wird und was man dafür »links liegen« lässt.

Die *»Schaff Dir zunächst mal eine Oase«*-Strategie bedient sich der oben genannten »Überlebens-Weisheit« und besteht im Wesentlichen darin, zunächst einen *überschaubaren Bereich* in seiner Wohnung oder am Arbeitsplatz »in Ordnung« zu bringen. Damit nimmt man aber auch in Kauf, dass andere Bereiche (erstmal) unbearbeitet bleiben, weil die Zeit und/oder die Kraft nicht dafür ausreichen, alles auf einmal aufzuräumen.

Lassen Sie uns dieses Vorgehen anhand des folgenden, häufig vorkommenden Beispiels näher erläutern:

Stellen Sie sich einmal eine völlig unaufgeräumte Wohnung vor, in der seit Wochen nicht mehr geputzt wurde, die Fenster schon vollkommen zu gestaubt sind, das dreckige Geschirr sich auf der leeren Spülmaschine stapelt, sich bereits drei Körbe an Bügelwäsche angesammelt haben und der gesamte Schreibtisch mit irgendwelchen Unterlagen zugestellt ist.

Leicht nachvollziehbar, dass viele Menschen in dieser Situation vom »Chaos« überwältigt sind, eher pessimistische Gedanken entwickeln (z. B.: *»Um das wieder in Ordnung zu bringen, dafür brauche ich ja Tage, die Zeit habe ich gar nicht«*; *»So ein Riesen-Chaos, wo soll ich bloß mit dem Aufräumen anfangen?«*; *»Das ist so viel, das schaff ich im Leben nicht mehr«*) und deshalb gar nicht erst mit dem Aufräumen beginnen.

Wir schieben viele Aufgaben vor uns her, weil sie uns zu gewaltig erscheinen.

Nach der »Schaff Dir zunächst mal eine Oase«-Strategie würde man sich aber nicht die oben beschriebene große unaufgeräumte Wohnung als Ganzes vornehmen, mit der Gefahr, dass man vor dieser gewaltigen Aufgaben zurückschreckt, sondern diese Arbeit in lauter kleine machbare Miniaufgaben aufteilen. Damit ist gemeint, dass man beispielsweise erstmal »nur« das Geschirr in die Spülmaschine einräumt – ein eher überschaubarer Aufwand mit großem Effekt: endlich wieder Platz auf der Spüle und noch dazu sauberes Geschirr. Am nächsten Tag könnte man dann weiter machen und (zumindest) einen Korb mit Wäsche wegbügeln, am besten beim Fernsehen. Das Gute daran: auch in verhältnismäßig kurzer Zeit (z. B. in 5 bis 10 Minuten), können wichtige Teilschritte der großen Aufgabe »Wohnung aufräumen« bewältigt werden.

Die Aufteilung in Miniaufgaben hilft, auch sehr große Aufgaben in Angriff zu nehmen.

Häufig ist es eigentlich »egal«, mit welchem Arbeitsschritt man beginnt – wichtig ist nur, so lange weiter zu machen, bis alle Miniaufgaben abgearbeitet sind und, wie in unserem Beispiel, die Wohnung wieder »im neuen Glanze« erstrahlt.

Bei der Umsetzung der *»Schaff Dir zunächst mal eine Oase»*-Strategie können Sie sich von den folgenden Fragen leiten lassen:

- In wie viele Miniaufgaben bzw. Teilschritten kann ich eine »große« Aufgabe aufteilen?
- Wie viel Zeit kann/möchte ich pro Miniaufgabe aufwenden?
- Was muss am dringlichsten aufgeräumt werden?
- Was kann am schnellstens aufgeräumt werden?

Was noch wichtig ist: LOBEN und BELOHNEN Sie sich nach jeder geschafften Miniaufgabe. Schritt für Schritt zum Erfolg – gehen Sie es an, Sie werden es schaffen!

Übersicht über die Arbeitsblätter aus Kapitel 4

- Arbeitsblatt 4.1: Fragen, Bemerkungen und Gedanken (S. 116)
- Arbeitsblatt 4.2: Meine Chaos-Stifter und Ordnungs-Halter (S. 117)
- Arbeitsblatt 4.3: Meine Termin-Übersicht (S. 118)
- Arbeitsblatt 4.4: Meine A-B-C-Liste (S. 119)
- Arbeitsblatt 4.5: Meine To do-Liste/Was HEUTE zu SCHAFFEN ist (S. 120–121)
- Arbeitsblatt 4.6: Ich packe es an und bleib dabei (S. 122–123)
- Arbeitsblatt 4.7: Mein Übungsprotokoll (S. 124)

Arbeitsblatt 4.1: Selbstmanagement bei ADHS

Fragen, Bemerkungen und Gedanken zu diesem Kapitel

Bitte schreiben Sie an dieser Stelle Ihre Fragen, Bemerkungen und Gedanken auf, die durch das Lesen dieses Kapitels ausgelöst worden bzw. entstanden sind.

Arbeitsblatt 4.2: Selbstmanagement bei ADHS

Meine Chaos-Stifter und Ordnungs-Halter

Chaos-Stifter	Ordnungs-Halter

Fazit:

Unter welchen Bedingungen: • kann ich **schwer** bis gar nicht Ordnung halten bzw. aufräumen? • **Vergesse** ich meine Termine/Aufgaben/Verabredungen oder erinnere mich zu spät daran? • fällt es mir schwer, mir meine Zeit einzuteilen bzw. Zeitvorgaben einzuhalten oder nach Plan zu handeln?	Unter welchen Bedingungen kann ich: • meine Wohnung/meinen Arbeitsplatz in **Ordnung halten?** • den **Überblick** über meine Termine /Aufgaben oder Verabredungen **behalten?** • mir meine **Zeit einteilen** bzw. Zeitvorgaben einhalten oder nach Plan handeln?

Arbeitsblatt 4.3: Selbstmanagement bei ADHS

Meine Termin-Übersicht

Tägliche Aufgaben/Termine

Was muss getan werden?	Von wem?	Wann genau muss es getan werden?

Wöchentliche Aufgaben/Termine

Was muss getan werden?	Von wem?	Wann genau muss es getan werden?

Periodisch anfallende Aufgaben/Termine

Was muss getan werden?	Von wem?	Wann genau muss es getan werden?

Arbeitsblatt 4.4: Selbstmanagement bei ADHS

Meine A-B-C-Liste

Datum:

	A	B	C
	A	B	C
	A	B	C
	A	B	C
	A	B	C
	A	B	C
	A	B	C
	A	B	C
	A	B	C
	A	B	C
	A	B	C
	A	B	C
	A	B	C
	A	B	C
	A	B	C
	A	B	C
	A	B	C
	A	B	C
	A	B	C
	A	B	C
	A	B	C

Arbeitsblatt 4.5: Selbstmanagement bei ADHS

Meine To do-Liste/Was HEUTE zu SCHAFFEN ist

Datum:

Bitte tragen Sie in diese Tagesliste alle Aufgaben und Tätigkeiten ein, die **HEUTE** noch von Ihnen erledigt werden müssen:

Was ist HEUTE *unbedingt* zu tun? [A oder B-Kategorie, Aufgaben und Tätigkeiten]	Bis wann?	Erledigt?
1		
2		
3		
4		
5		
6		
7		
8		
9		
10		
11		
12		

Bitte tragen Sie in die folgende Liste alle Aufgaben ein, die heute nicht erledigt worden sind und/oder diese Woche unbedingt noch von Ihnen erledigt werden müssen:

Diese Woche UNBEDINGT noch zu erledigen	Bis wann?

Arbeitsblatt 4.6: Selbstmanagement bei ADHS

Ich packe es an und bleib dabei

Was genau will/muss ich tun? [*Beschreiben Sie Ihre Aufgabe möglichst genau*]

____

____

Bis wann muss diese Aufgabe fertig werden? [*Nennen Sie ein realistisches Datum/Zeitpunkt*]

____

____

Was passiert (mir), wenn ich dieses Zeitlimit nicht einhalte? [*Machen Sie sich die negativen Konsequenzen klar*]

____

____

Wofür ist es gut, wenn ich an dieser Aufgabe dranbleibe? [*Machen Sie sich die positiven Konsequenzen klar*]

____

____

Wann muss ich spätestens beginnen, damit ich rechtzeitig fertig werde? Wie viel »Zeitpuffer« für Unerwartetes und »Motivations-Tiefs« habe ich berücksichtigt? [Überlegen Sie sich einen realistischen Zeitrahmen]

____

____

Wie kann ich mich selbst motivieren, diese Aufgabe anzufangen, durchzustehen und zu einem guten Abschluss zu bringen? [*Überlegen Sie, wie Sie sich selbst motivieren können*]

____

____

Wie/Mit was werde ich mich belohnen, wenn ich diese Aufgabe bewältigt habe? [*Stellen Sie sich eine Belohnung in Aussicht*]

____

____

Ich schließe ein Abkommen mit mir und verpflichte *mich selbst*, am ____________________ zu starten und von da an *zielstrebig* zu arbeiten, damit ich das Ganze am ____________________ noch *rechtzeitig* zu einem guten Abschluss bringe.

____________________ ____________________

(Datum) (Unterschrift)

Arbeitsblatt 4.7: Selbstmanagement bei ADHS

Mein Übungsprotokoll

Name der Übung/ Strategie	Mo	Di	Mi	Do	Fr	Sa	So
	☹ 😐 ☺	☹ 😐 ☺	☹ 😐 ☺	☹ 😐 ☺	☹ 😐 ☺	☹ 😐 ☺	☹ 😐 ☺

5 Selbstmanagement-Strategien zur Steigerung von Selbstkontrolle und Selbstbeherrschung

Was sind die Ziele und Inhalte dieses Kapitels?

Im Folgenden wollen wir Ihnen relevante Informationen zu dem Thema *Impulsivität/Explosivität* bei ADHS geben und Ihnen einige Strategien und Methoden vorstellen, mittels derer Sie ihre Impulsivität und Explosivität verringern und Ihre *Selbstkontrolle* sowie *Selbstbeherrschung verbessern* können.

Am besten Sie legen sich schon mal Schreibmaterial (Notizblock, Textmarker und Kuli) zurecht, damit Sie wichtige Textpassagen markieren und Ihre Fragen, Gedanken und Anmerkungen zu diesem Kapitel notieren können (► Arbeitsblatt 5.1 auf S. 162).

5.1 Woran erkenne ich ein Übermaß an Impulsivität/Explosivität?

Kennen Sie das?

Anzeichen einer Impulskontrollstörung und erhöhten Explosivität

- ☐ Ich neige dazu, andere bei ihren Tätigkeiten zu unterbrechen.
- ☐ Im Gespräch mit anderen beende ich häufig die Sätze meiner Gesprächspartner, bevor diese ihre Ausführungen zu Ende bringen konnten.
- ☐ In sozialen Kontakten mit anderen fällt auf, dass ich schnell und viel rede.
- ☐ In Warteschlangen habe ich oft erhebliche Probleme abzuwarten, bis ich an der Reihe bin.
- ☐ Im Straßenverkehr bin ich schon mal unangenehm als »Raser« oder »Drängler« aufgefallen.
- ☐ Wenn ich »genervt« bin, dann überhole ich beim Auto- oder Radfahren auch an unübersichtlichen Stellen, z. B. in Kurven.
- ☐ Ich gebe bei »Spontaneinkäufen« immer mal wieder viel zu viel Geld aus.
- ☐ Ich habe manchmal heftige Wutausbrüche, bei denen ich Verletzendes sage, was mir im Nachhinein auch sehr leidtut.
- ☐ Wenn ich mich provoziert fühle, dann sehe ich manchmal regelrecht »rot« und kann mich dann fast gar nicht mehr beherrschen.
- ☐ Es passiert immer wieder, dass ich etwas sage oder tue, ohne an die Folgen zu denken und mich dann im Nachhinein dafür schäme und/oder mir Selbstvorwürfe mache.

Die oben genannten Beispiele lassen sich den folgenden zwei ADHS-spezifischen Kategorien zuordnen (nach Wender, Attention Deficit Hyperactivity Disorder in Adults. Oxford University Press, 1995):

Impulsivität und Explosivität bei ADHS im Erwachsenenalter	
Impulsivität, z. B.:	• Sprechen, Handeln und Entscheiden, ohne lange über die Folgen nachzudenken. • Unterbrechen von Gesprächen anderer, ins Wort fallen, Sätze anderer zu Ende sprechen. • Häufig mit den Antworten herausplatzend, bevor die Frage zu Ende gestellt ist. • Nur schwer warten können, bis er/sie an der Reihe ist. • Spontane, unüberlegte Einkäufe. • Probleme, Geld zusammen zu halten. • Risikofreudigkeit.
Explosives, hitziges Gemüt, z. B.:	• Kurz dauernde Wutausbrüche, aber kein dauerhafter Groll und kein Aufstau von Zorn. • »Niedriger Siedepunkt«, mit explosiven, kurzen, aber heftigen Ausbrüchen.

Das Gemeinsame an den oben genannten Problembereichen ist:

Man tut oder sagt etwas, ohne Voraussicht oder Nachdenken über die Folgen oder Berücksichtigung der Konsequenzen. Sicherlich kann ein Übermaß an Impulsivität und/oder Explosivität für den ADHS-Betroffenen und sein Umfeld mehr oder weniger große Probleme nach sich ziehen, z. B.:

Gefahren in den Bereichen Impulsivität und Explosivität bei ADHS-Betroffenen

- Kritik und Abmahnungen im beruflichen Bereich.
- »Emotionale Verletzungen« in Partnerschaft und Beziehungen.
- Zu wenig Geld, um die notwendigen monatlichen Ausgaben zu bezahlen.
- Höhere Gefahr, Unfälle und/oder Verletzungen zu erleiden.

Viele Betroffene mit ADHS im Erwachsenenalter leiden unter ihrer Impulsivität/Explosivität – in persönlichen Gesprächen ist immer wieder der folgende Satz zu hören: »*Wenn ich könnte, würde ich mich gerne anders verhalten. Im Nachhinein ist mir klar, dass ich da regelmäßig übers Ziel hinaus-*

schieße, mir selbst Schaden zufüge und auch andere Menschen verletze. Ich weiß aber nicht, wie ich das Ganze besser in den Griff bekommen kann.«

Falls Sie auch zu den Betroffenen mit den oben genannten Problemen gehören, d. h. häufig impulsiv handeln oder gefühlsmäßig unausgeglichen bis hin zu explosiv sind, finden Sie auf den folgenden Seiten exemplarisch einige Lösungen, als »Hilfe zur Selbsthilfe«.

5.2 Was Sie selbst tun können bei ADHS-bedingter Impulsivität/Explosivität

Bevor man etwas zum Guten oder Besseren verändert, sollten man erst mal den momentanen »IST-Zustand« erfassen, d. h. eine persönliche Bestandsaufnahme machen.

Verschaffen Sie sich zu diesem Zweck zunächst einen Überblick über Ihre alltagsbezogenen Schwierigkeiten, indem Sie sich beispielsweise die folgende Frage stellen:

Denkaufgabe:

Unter welchen Bedingungen/bei welchen Gelegenheiten fällt es mir SCHWER, die Beherrschung zu bewahren, Entscheidungen mit Weitblick zu tätigen oder die Kontrolle über meine Äußerungen und/oder meine Handlungen zu behalten?

Diese Bedingungen wollen wir *Kontrollverlust-Förderer* nennen.

Sie können sich zu diesem Zweck nochmals die »Anzeichen einer Impulskontrollstörung und erhöhten Explosivität« auf S. 126–127 durchlesen. Falls Ihnen zu den dort beschriebenen Punkten Beispiele aus Ihrem Alltag einfallen, dann notieren Sie diese auf ein Blatt Papier. Genauso sinnvoll kann es sein, sich eine Woche lang einmal aufmerksam »über die eigene Schulter zu schauen« und entsprechende Vorkommnisse aufzuschreiben. Im Folgenden finden Sie einige *Beispiele* dafür.

Kontrollverlust-Förderer:

- ☹ Wenn ich müde und/oder hungrig bin.
- ☹ Wenn ich mich persönlich angegriffen fühle, d. h. traurig oder wütend bin.
- ☹ Wenn ich etwas *unbedingt* haben möchte und es deshalb sofort kaufe, ohne Rücksicht auf mein Budget.
- ☹ Wenn ich einen stressigen Tag hatte und noch dazu schlecht geschlafen habe.

Sie sollten sich aber auch einen Überblick verschaffen, unter welchen Bedingungen/bei welchen Gelegenheiten Sie bereits Ihre Impulsivität/Explosivität wirksam unter Kontrolle halten können. Um sich dieser positiven Momente bewusst zu werden, können Sie sich folgende Frage stellen:

Denkaufgabe:

Unter welchen Bedingungen/bei welchen Gelegenheiten kann ich mich GUT beherrschen, »ruhig Blut« bewahren, meine (Kauf-)Impulse zügeln, mit Bedacht sprechen oder handeln und nachhaltige Entscheidungen treffen?

Diese Bedingungen wollen wir *Kontrolle-Halter* nennen.

Schreiben Sie sich auch diese positiven Ereignisse auf, denn diese können einen wichtigen »Schlüssel zum Erfolg« darstellen und Ihnen den richtigen Weg weisen. Im Folgenden finden Sie einige *Beispiele* dafür.

Kontroll-Halter:

☺ Wenn ich ausgeruht und/oder satt bin.
☺ Wenn ich weiß bzw. mir sage, dass es bei dem Streit um die Sache geht und nicht um mich als Person.
☺ Wenn ich regelmäßig Sport mache.
☺ Wenn ich mir im Voraus die Konsequenzen meines Handels und/oder meine Worte klar mache.
☺ Wenn ich etwas nicht sofort kaufe, sondern mir erstmal Bedenkzeit gebe.

Fassen Sie dann Ihre Beobachtungen zusammen, indem Sie sich überlegen, unter welchen Bedingungen es Ihnen *schwerfällt*, Ihre Impulsivität/Explosivität zu beherrschen (=»Kontrollverlust-Förderer«) und auch, unter welchen Bedingungen Sie bereits wirksam Ihre Impulsivität/Explosivität *gut* beherrschen können (=»Kontrolle-Halter«).

Auf dem Arbeitsblatt 5.2 »Meine Kontrollverlust-Förderer und Kontrolle-Halter« auf S. 163 können Sie Ihre Beobachtungen und Erkenntnisse übersichtlich und kompakt eintragen.

Versuchen Sie in den nächsten Wochen dann möglichst oft:

- »Kontrollverlust-Förderer« zu reduzieren oder diese gänzlich abzustellen.
- Bedingungen herzustellen oder aufzusuchen, bei denen Sie besonders *gut* Ihre Impulsivität/Explosivität zügeln können; d. h. setzen Sie so oft es geht Ihre »Kontrolle-Halter« ein!

Haben Sie dabei Geduld mit sich selbst – nach und nach kann alles besser werden – ständiges Training zahlt sich aus!

5.3 »Probleme« und Lösungsstrategien

In den folgenden Abschnitten finden Sie bewährte Lösungsstrategien bei ADHS-bezogener Impulsivität/Explosivität.

Am besten Sie suchen sich zunächst *eine* der hier beschriebenen *Lösungsstrategien* aus und testen diese *im Verlauf der nächsten Wochen.*

Gehen Sie hierbei problemorientiert vor, d. h. überprüfen Sie zunächst, welche Anzeichen von Impulsivität/Explosivität bei Ihnen am stärksten ausgeprägt sind oder unter welchen Anzeichen Sie am stärksten leiden.

Sollten Sie den Eindruck gewinnen, dass alle Anzeichen einer ADHS-bedingten Impulsivität und/oder Explosivität bei Ihnen vorliegen, dann suchen Sie sich die Strategie aus, die Sie am leichtesten bzw. am schnellsten umsetzen können.

Um den Überblick über die eingesetzten Strategien/Übungen zu behalten, kann es hilfreich sein zu protokollieren, *wann* (Datum/Uhrzeit) und mit *welchem* Erfolg man diese Strategien und Übungen eingesetzt hat.

Um ihnen die Protokollierung zu erleichtern, haben wir für Sie das Arbeitsblatt 5.8 »Mein Übungsprotokoll« auf S. 171 bereitgestellt.

Auf diesem Arbeitsblatt können Sie auf übersichtliche Art und Weise den Namen der eingesetzten Übung/Strategie und das Datum eintragen sowie protokollieren, wie erfolgreich Sie bei der Anwendung der Strategie bzw. Durchführung der Übung gewesen sind. Zur einfacheren Darstellung des Erfolges (= wie erfolgreich war die Anwendung) können Sie auf folgende Darstellung mittels »Smiley« zurückgreifen:

☹ = nicht so erfolgreich,
😐 = geht so/verbesserungswürdig,
☺ = erfolgreich bis sehr erfolgreich.

Name der Übung/ Strategie	**Mo**	**Di**	**Mi**	**Do**	**Fr**	**Sa**	**So**
Selbstberuhiger-Strategie	☺	😐	😐	😐			☺
Meine Zweitsicht-Strategie	😐	☺	☹		☺	😐	☺

Bitte denken Sie daran: Man kann nicht jeden Tag gleich gute Resultate haben, aber wenn Sie am »Ball bleiben«, dann werden Sie erfolgreich sein!

5.3.1 »Problem«: Ich führe des Öfteren spontane und unüberlegte Einkäufe durch, die ein »Loch« in meine Haushaltskasse reißen

Lösungsvorschlag: Die »Entscheidungen mit Weitblick treffen«-Strategie

Die konsequente Umsetzung der *»Entscheidungen mit Weitblick treffen»-Strategie* erhöht die Wahrscheinlichkeit, dass in Zukunft finanziell alles im »grünen Bereich« bleibt.

Im Wesentlichen besteht die *»Entscheidungen mit Weitblick treffen»-Strategie* darin, dass man sich zunächst eine Übersicht über seine finanziellen Verhältnisse verschafft, um dann eine *verbindliche Obergrenze* für finanzielle Ausgaben festzulegen. Man muss also nicht zwangsläufig darauf verzichten, Geld auszugeben, um sich einen (finanziell erfüllbaren) Wunsch zu erfüllen bzw. um sich etwas zu gönnen – man gibt nur nicht mehr Geld aus, als einem monatlich zur Verfügung steht.

Folgend finden Sie eine Auflistung von Fragen, mittels derer Sie eine ausführliche Analyse Ihrer finanziellen Verhältnisse durchführen können, um *»Entscheidungen mit Weitblick«* zu treffen:

1. Wie viel Geld nehme ich pro Monat ein?
2. Wie viel von diesen Geldeinnahmen benötige ich für meine Fixkosten (Lebensunterhalt, Miete, Kredite usw.)?
3. Wie viel Geld bleibt mir dann pro Monat nach Abzug aller fixen Kosten übrig?
4. Welchen Geldbetrag möchte ich als »Sicherheitsreserve« für unerwartete Kosten/Ausgaben behalten?
5. Welchen Geldbetrag möchte ich pro Monat sparen?
6. Welcher Geldbetrag bleibt dann *pro Monat*, d. h. nach Abzug aller oben genannten Kosten, »zur freien Verfügung« (z. B. für Spontankäufe oder Spontanaktionen) übrig?
7. Welcher Geldbetrag bleibt dann *pro Woche*, d. h. nach Abzug aller oben genannten Kosten, »zur freien Verfügung« (z. B. für Spontankäufe oder Spontanaktionen) übrig?
8. Was ist mir wichtig? Für welche Dinge/Gegenstände möchte ich prinzipiell diesen freien Geldbetrag verwenden?
9. Was ist mir wichtig? Für welche Aktivitäten/Unternehmungen möchte ich prinzipiell diesen freien Geldbetrag verwenden?

Im Folgenden wollen wir die oben genannten Fragen anhand eines Beispiels verdeutlichen.

Zu diesem Zweck fragen wir uns als erstes: »Wie hoch sind meine *regelmäßigen* monatlichen Einnahmen?« (z. B. durch: Lohn, Zinserträge, staatliche Zuwendungen, usw.) und notieren diese – *Nehmen wir an, dass wir hier auf eine Summe von 1.800 Euro kommen.*

Danach stellen wir uns die Frage: »Wie hoch sind meine wiederkehrenden monatlichen Ausgaben?«. Dabei müssen alle festen/wiederkehrenden Ausgaben (z. B. Miete, Nahrung, Benzin usw.) berücksichtigt und zusammengerechnet werden – *Nehmen wir an, dass auf der Ausgaben-Seite ein Betrag von 1.200 Euro festzustellen ist.*

In einem dritten Schritt werden nun die Einnahmen mit den Ausgaben verrechnet – *In unserem Beispiel müsste man 1.800 Euro Einnahmen und 1.200 Euro Ausgaben berücksichtigen, d. h. es verbleiben zunächst 600 Euro monatlich auf der »Haben-Seite«.*

1. Regelmäßige Einnahmen pro Monat *1.800 Euro*	**2. Regelmäßige Ausgaben** pro Monat *1.200 Euro*	**3. Verbleibender Geldbetrag** nach Abzug aller fixer Ausgaben pro Monat *600 Euro*

In einem vierten Schritt müssen nun noch alle Ausgaben berücksichtigt werden, die zwar nicht jeden Monat anfallen, aber trotzdem im Laufe des Jahres bezahlt werden müssen: So ziehen viele Versicherungen, Ämter oder auch Vereine ihre Beiträge nur 1x pro Jahr ein – dies bedeutet, dass einem beispielsweise im Januar ein größerer Geldbetrag fehlen kann, weil die KFZ-Steuer eingezogen wird. Des Weiteren können immer wieder auch *unerwartete Ausgaben* auftreten, z. B. wenn das Auto repariert werden muss. Damit diese unregelmäßigen bzw. unerwarteten Ausgaben kein Loch in die Haushaltskasse reißen, sollte jeden Monat eine finanzielle *»Sicherheitsreserve«* miteingeplant werden. *In unserem Beispiel sollen 400 Euro auf ein Tagesgeld-Konto beiseitegelegt werden. Wenn wir diesen »Notfallgroschen« von den oben genannten 600 Euro abziehen, dann verbleiben jetzt zunächst noch 200 Euro auf der Haben-Seite.*

Danach ist die wichtige Frage zu klären, ob wir monatlich noch einen *Sparbeitrag* beiseitelegen wollen, z. B., um davon später eine größere Anschaffung durchzuführen oder sich einen persönlichen »Traum« oder »Herzenswunsch« zu erfüllen. *In unserem Beispiel sollen dafür 100 Euro festgelegt werden, die auf einem weiteren Tagesgeldkonto eingezahlt werden; d. h.: jetzt stehen uns noch 100 Euro monatlich zur freien Verfügung.*

4. Sicherheits-Reserve pro Monat *400 Euro (auf Tagesgeldkonto 1)*	**5. Sparbetrag** pro Monat *100 Euro (auf Tagesgeldkonto 2)*

Nachdem nun ein realistischer Geldbetrag ermittelt wurde, in unserem Beispiel: »Ich könnte jeden Monat 100 Euro ausgeben«, gehen wir zum nächsten Schritt über: wir rechnen nun aus, wie viel Geld wir *pro Woche* ausgeben können. *In unserem Beispiel könnten wir 25 Euro pro Woche ausgeben (das macht dann in der Summe: 100 Euro pro Monat).*

Extra Geldbetrag, der pro **Monat** zur freien Verfügung steht *100 Euro*	**Extra-Geldbetrag**, der pro **Woche** zur freien Verfügung steht *25 Euro (× 4 = 100 Euro)*

Damit haben wir die Summe errechnet, die wir monatlich bzw. wöchentlich frei ausgeben können – *Wir haben also 100 Euro monatlich oder auch 25 Euro pro Woche zur freien Verfügung.* Wenn wir uns in Zukunft an diese finanzielle Obergrenze halten, dann treffen wir auf jeden Fall »*Entscheidungen mit Weitblick*«!

Abschließend können wir uns noch darüber bewusstwerden, für welche Dinge/Gegenstände und Aktivitäten/Unternehmungen wir *prinzipiell* die oben genannte Summe ausgeben möchten.

Dinge/Gegenstände
Sonnenbrille, Bücher, guter Rotwein

Aktivitäten/Unternehmungen
Essen gehen mit Freunden, Kino, Theater

Wenn Sie jetzt neugierig geworden sind und die »*Entscheidungen mit Weitblick treffen*»-Strategie einmal ausprobieren wollen, dann sollten Sie zunächst eine Analyse Ihrer finanziellen Verhältnisse durchführen, um dann eine verbindliche Obergrenze für Ihre monatlichen Ausgaben festzulegen. Am besten Sie sprechen Ihre Überlegungen und Entscheidungen diesbezüglich auch mit Ihrem Partner ab, der ja ebenfalls von einem finanziellen Engpass betroffen wäre.

Auf dem Arbeitsblatt 5.3 »Entscheidungen mit Weitblick treffen« auf S. 164–165 können Sie Ihre Beobachtungen und Erkenntnisse übersichtlich und kompakt eintragen.

Damit die »Entscheidungen mit Weitblick treffen«-Strategie in »Fleisch und Blut« übergeht, sollten Sie diese erstmal ausgiebig üben.

Verzichten Sie deshalb (mindestens!) für die Dauer eines Monats auf Sofortkäufe, *auch* wenn diese eigentlich in Ihr vereinbartes finanzielles Budget passen.

Immer wenn Sie etwas »anlacht« und Sie es deshalb sofort haben bzw. kaufen wollen, dann gehen Sie folgendermaßen vor:

STOPP!

Atmen Sie erst mal durch und sagen Sie sich dann »STOPP! Erstmal eine Nacht darüber schlafen – wenn ich es immer noch will, dann kaufe ich es morgen«. Verlassen Sie dann das Geschäft, ohne sofort zu kaufen und überdenken Sie den Kauf noch mal in Ruhe zuhause. Besprechen Sie das Ganze auch mit ihrem Partner/guten Freunden.
Wenn Sie das Objekt Ihre Begierde am nächsten Tag immer noch haben wollen und der Preis in Ihr wöchentlich zur Verfügung stehendes Budget passt, dann könne Sie ja dann immer noch »zugreifen«.

Tipp:

- ☑ Leider erschweren Zahlmittel wie EC- oder Kredit-Karte einen maßvollen Umgang mit dem Geld – lassen Sie deshalb diese »Geldvernichter« zuhause!
- ☑ Machen Sie stattdessen Geld »sichtbar«, d. h. verzichten Sie bei ihren Einkaufstouren soweit wie möglich auf das bargeldlose Zahlen (Mittels EC- oder Kreditkarte).
- ☑ Überlegen Sie sich im Vorfeld, wie viel Geld Sie etwa benötigen werden und nehmen Sie nur diese Geldsumme mit.

Eine weitere Möglichkeit, um seinen Umgang mit Geld zu schärfen, ist auch, mal darauf zu *verzichten* – d. h. ganz *ohne* Bargeld aus dem Haus zu gehen. Schlendern Sie aber trotzdem wie gewohnt durch alle Geschäfte. Wenn Ihnen etwas gefällt, dann »*Erstmal tief durchatmen!*«. Betrachten Sie das »Objekt Ihrer Begierde« in Ruhe und legen Sie es dann zurück in das Regal. Stellen Sie sich die folgenden Fragen:

- Brauche ich diese ... [z. B.: Uhr, Sonnenbrille, Pulli, Schuhe, usw.] wirklich?
- Wird mich dieser Kauf glücklicher machen?
- Wie werde ich morgen über diesen Kauf denken?
- Reißt dieser Kauf ein Loch in meine Haushaltskasse?
- Kann ich mir diesen Kauf wirklich leisten?
- Ist dieser Kauf wirklich eine »*Entscheidung mit Weitblick*«?

Selbstverständlich können die oben genannten Fragen durch weitere Fragen ergänzt oder durch passendere Fragen ersetzt werden. Damit diese Fragen im »Ernstfall« auch verfügbar sind, sollten Sie diese aufschreiben und zu jedem Einkaufsbummel mitnehmen, sodass Sie bei Bedarf einen Blick auf Ihren »Spickzettel« werfen können.

Eine kritische Bemerkung zum Schluss: Sicherlich kann Geldausgeben zu schönen Erlebnissen verhelfen, beispielsweise indem man sich einen neuen Pulli, ein gutes Essen in einem Restaurant oder einen erholsamen Urlaub gönnt. Genauso kann Geldausgeben uns ermöglichen, andere Menschen glücklich zu machen, z. B. indem wir etwas verschenken oder etwas spenden.

Es stimmt aber auch, dass Geld allein nicht glücklich macht – es gibt vieles, welches man sich (für alles Geld der Welt) gar nicht kaufen kann.

Oder anders ausgedrückt: Auch ganz ohne Geldausgeben kann man Glück, Freude oder Genuss erfahren, sowie Ungewöhnliches oder auch Außerordentliches erleben bzw. unternehmen. Auch darüber lohnt es sich nachzudenken.

Tipp:

☑ Treten Sie ab und an in einen »Geldstreik«, d. h.: verzichten Sie bewusst für eine gewisse Zeit aufs Geldausgeben, aber *nicht* auf schöne Erlebnisse.

☑ Gehen Sie deshalb des Öfteren mal allein oder mit guten Freunden ganz ohne Bargeld/EC- oder Kreditkarte aus dem Haus.

☑ Erkunden Sie Ihre Umgebung – lassen Sie sich von Ihrer Neugier treiben, folgen Sie Ihren Impulsen und seien Sie gespannt auf all die schönen Erlebnisse, die gar kein Geld kosten, aber trotzdem »unbezahlbar« sind.

5.3.2 »Problem«: Mir fällt es echt schwer, auf etwas zu sparen

Lösungsvorschlag: Die »Mach Dir ein Bild davon«-Strategie

Die *»Mach Dir ein Bild davon»*-Strategie kann Sie dabei unterstützen, leichter durchzuhalten, wenn Sie auf etwas sparen möchten – gehen Sie dafür folgendermaßen vor:

☑ Überlegen Sie, wofür Sie das gesparte Geld später einmal ausgegeben wollen, beispielsweise um eine schöne Reise zu unternehmen. Rechnen Sie dazu im Vorfeld erst einmal aus, wie viel Geld diese Reise etwa kosten wird. Teilen Sie diesen Gesamtbetrag (z. B. 1000 Euro) dann durch 10 (macht dann in dem oben genannten Beispiel 10 Teilbeträge á 100 Euro).

☑ Besorgen Sie sich dann ein schönes Bild von Ihrem Reiseziel und schneiden dies in 10 verschiedene, etwa gleich große Puzzle-Stücke.

☑ Fügen Sie jedes Mal ein neues Puzzle-Stück hinzu, wenn Sie die vorher festgelegte Summe (in unserem Beispiel 100 Euro) angespart haben. So können Sie nachverfolgen, wie Sie mit jedem neuen Puzzle-Teil Ihrem Ziel immer näherkommen, bis Sie am Ende das ganze Bild zusammengesetzt haben und endlich Ihren wohlverdienten Urlaub antreten können.

☑ Selbstverständlich lässt sich dieses Verfahren auch bei geplanten Einkäufen oder größeren Anschaffungen anwenden.

In diesem Fall wählen Sie ein schönes Abbild von dem erwünschten Gegenstand (z. B. Automobil, Haushaltsgerät, usw.) auf das Sie sparen wollen und schneiden dies dann ebenfalls in verschiedene etwa gleich große Stücke.

Jedes Mal, wenn Sie einen bestimmten Geldbetrag angespart haben, fügen Sie auch hier ein Puzzle-Stück hinzu und sind somit Ihrem »Wunschobjekt« bereits etwas nähergekommen!

5.3.3 »Problem«: Ich unterbreche meine Gesprächspartner oder falle ihnen ins Wort

Lösungsvorschlag: Die »Bevor ich etwas sage, zähle ich innerlich von 5 bis 1«-Strategie

Die »*Bevor ich etwas sage, zähle ich innerlich von 5 bis 1*«-Strategie kann Ihnen helfen, in Zukunft Ihrem Gesprächspartner seltener in seinem Redefluss zu unterbrechen. Der Vorteil an dieser Strategie ist, dass sie verblüffend einfach zu erlernen ist – gehen Sie dafür folgendermaßen vor:

Jedes Mal, wenn Sie spüren, dass Sie dem anderen ins Wort fallen wollen, dann…

- ☑ Atmen Sie zunächst einmal tief durch und sagen Sie sich in Gedanken »STOPP!«
- ☑ Zählen Sie dann innerlich von 5 bis 1 und zwar immer, wenn Sie ausatmen – beim ersten Ausatmen denken Sie »Fünf«, beim zweiten Ausatmen denken Sie »Vier« und so weiter, bis Sie schließlich bei »Eins« angekommen sind und insgesamt 5 Atemzüge mit Ihrer inneren Stimme begleitet haben.
- ☑ Überlegen Sie immer erst danach, ob Sie Ihren Redepartner immer noch unterbrechen wollen oder müssen – falls ja, dann kündigen Sie Ihre Unterbrechung an, indem Sie beispielsweise sagen: »Ich würde dir *jetzt* gerne direkt antworten, ist das OK für dich?« oder »Ich würde gerne *sofort* etwas dazu sagen, ist das in Ordnung für dich?«

Damit Sie bei Ihren Antworten nichts Wichtiges vergessen, sollten Sie sich während des Gesprächs Notizen machen und auch stichpunktartig Ihre geplanten Antworten aufschreiben. Deshalb sollten Sie immer passendes Schreibmaterial mit sich führen (z. B. in Form eines kleinen Notizbuchs).

Tipp:

☑ Zusätzlich können Sie die innere Unruhe oder den inneren Drang, etwas zu sagen oder dem anderen »ins Wort zu platzen«, auch dadurch abmildern, dass Sie etwas in den Händen halten, um die überschüssige »Energie« motorisch abreagieren zu können (bspw. einen kleinen Kautschukball, den man drücken kann oder auch ihren Stift, den Sie »unauffällig« kneten oder in Ihren Fingern kreisen lassen).

Bedenken Sie: Nur ständiges Training bringt einen zur Meisterschaft! Das bedeutet, dass Sie zur Umsetzung dieser Strategie nicht bis zum nächsten »Ernstfall« warten sollten. Bitten Sie stattdessen lieber einen guten Freund/eine gute Freundin, Sie beim Erlernen oder Verbessern der »Bevor ich etwas sage, zähle ich innerlich von 5 bis 1«-Strategie zu unterstützen. Dies geschieht am besten in Form von Trainingsgesprächen, die Sie so lange durchführen sollten, bis Sie den Eindruck gewonnen haben, dass diese Fertigkeit »sitzt« und automatisch abgerufen werden kann.

Eine wichtige Bemerkung zum Schluss: Manchmal sind unsere Äußerungen für andere Menschen »verletzend«, auch wenn wir das vielleicht gar nicht beabsichtigt haben.

Dann kommen wir im Nachhinein zu der Erkenntnis, dass es wohl besser gewesen wäre, wenn wir das Ganze mit anderen Worten und/oder in einem anderen Tonfall, zu einem späteren Zeitpunkt oder auch an einem anderen Ort (z. B. mit weniger »Zuhörern«) mitgeteilt hätten.

Auch für diese Fälle kann die »Bevor ich etwas sage, zähle ich innerlich von 5 bis 1«-Strategie eingesetzt werden, weil Sie uns wertvolle Bedenkzeit verschafft. Gehen Sie dazu folgendermaßen vor:

Tipp:

☑ Beim Herunterzählen von 5 bis 1 können Sie in sich »hineinhorchen« und sich fragen: »*Wie geht es mir gerade gefühlsmäßig?*« [z.B. ungeduldig, wütend, traurig, ...] »*Was möchte ich (deshalb) jetzt sofort darauf antworten/dem anderen sagen?*«

☑ Hinterfragen Sie dann Ihre *Absicht:* Warum möchten Sie gerade das antworten? Was werden ihre Worte bei dem anderen auslösen? Was erwarten Sie, was der andere dann tun soll? Was glauben Sie, wie sich der andere dann fühlen wird? Welche Auswirkungen werden Ihre Worte auf den weiteren Gesprächsverlauf haben? Welche Auswirkungen werden Ihre Worte auf die Beziehung/die Zusammenarbeit/das Zusammenleben mit Ihrem Gesprächspartner haben?

☑ Ziehen Sie *Bilanz* und fragen sich: »Möchte ich immer noch so (wie ursprünglich geplant) antworten, oder ist es besser, das Ganze anders zu formulieren, »abzuschwächen« oder freundlicher auszudrücken, zu einem anderen Zeitpunkt oder an einem anderen Ort mitzuteilen?«

☑ *Entscheiden* Sie dann, wann, wie und ob Sie darauf antworten wollen – dabei können Sie nach folgendem Leitsatz vorgehen: »*Man sollte dem anderen die Wahrheit wie einen Mantel hinhalten, dass er hinein schlüpfen kann, und sie ihm nicht wie einen nassen Lappen um die Ohren schlagen*« (Max Frisch[1]).

Weitere Tipps zur Vermeidung von unnötigen bzw. unbeabsichtigten Verletzungen in der Interaktion mit anderen Menschen, finden Sie in den nächsten Abschnitten.

1 Max Frisch (1979) Tagebuch 1966–1971. Frankfurt am Main: Suhrkamp Verlag, Seite 30.

5.3.4 »Problem«: Manchmal verletze ich andere Menschen, obwohl ich das eigentlich gar nicht will, weil ich etwas Unbedachtes sage oder tue

Lösungsvorschlag: Die »Zweitsicht«-Strategie

Die »Zweitsicht«-Strategie bedient sich der Erkenntnis, dass es sinnvoll sein kann, etwas (Bedenk-)Zeit verstreichen zu lassen *und* einen zweiten Blick auf etwas zu werfen, bevor man etwas Unbedachtes sagt oder tut.

Die Anwendung dieser Strategie empfiehlt sich immer dann, wenn uns etwas regelrecht »auf der Seele brennt« und wir es deshalb eigentlich möglichst sofort »loswerden« wollen. Insbesondere, wenn es sich um hitzige oder explosive Emotionen wie Enttäuschung, Ärger oder Wut handelt, besteht die Gefahr, dass man sich in seinen Worten und/oder in seinem Ton vergreift.

Später wird einem dann häufig klar, dass man wohl übers Ziel hinausgeschossen ist und es wohl besser gewesen wäre, wenn man noch eine Nacht darüber geschlafen hätte. Mit etwas zeitlichem Abstand (und wieder bei klarem Kopf) hätte man das Ganze anders gesagt bzw. anders gemacht!

Die »Zweitsicht«-Strategie berücksichtigt diese Erkenntnis und besteht im Wesentlichen aus den folgenden Schritten, die nacheinander durchlaufen werden:

- Reagieren Sie nicht sofort (mit Worten oder Taten), sondern verschaffen Sie sich zunächst etwas »Bedenkzeit«, *bevor* Sie etwas Unbedachtes tun oder sagen.
- Nehmen Sie sich ein Blatt Papier und schreiben Sie auf, was genau passiert ist (=Anlass), wie es Ihnen gerade geht (=Stimmung) und was Sie am liebsten sagen oder tun würden (=Impuls).
- Legen Sie dann dieses Papier zur Seite und verschaffen Sie sich etwas Bedenkzeit. Unternehmen Sie etwas, dass Sie von dem Geschehen ablenkt, Ihnen guttut, Sie wieder beruhigt, den Kopf klar macht, …
- Werfen Sie dann, mit etwas zeitlichem Abstand, einen zweiten Blick auf Ihre Aufzeichnungen. Lesen Sie sich diese nochmals durch und stellen Sie sich dann folgende Fragen:

- Wie denke ich jetzt über diesen Anlass?
- Möchte ich immer noch so reagieren?
- Welche Konsequenzen hätte meine Reaktion (für mich und die anderen Beteiligten)?
- Welche Alternativen habe ich? Wie könnte ich stattdessen reagieren? Was könnte ich stattdessen sagen oder tun?
- Ziehen Sie dann ein Fazit und entscheiden Sie, ob Sie das Ganze noch genauso tun oder sagen wollen, oder ob Sie stattdessen doch lieber anders reagieren möchten.
- Sie können zur Unterstützung auch gute Freunde hinzuziehen und diese bitten, einen Blick auf Ihre Aufzeichnungen zu werfen, um Sie bei der Wahl der passenden Antwort/Reaktion zu beraten.

Im Folgenden soll die Durchführung der »Zweitsicht«-Strategie anhand eines Beispiels noch genauer verdeutlicht werden:

Anlass: Was genau ist passiert?
Ich habe gerade eine E-Mail von meinem Vorgesetzten Herrn Müller bekommen, in der steht, dass ich gestern als Letzter im Betrieb war und wohl vergessen habe, die Lampen auszuschalten. Deshalb hätten die Lampen die ganze Nacht gebrannt, was unnötigerweise Strom kosten würde.

Stimmung: Wie geht es mir gerade?
Ich bin wütend, weil das so nicht stimmt: Als ich gegangen bin, haben sich noch drei weitere Kollegen im Betrieb aufgehalten. Deshalb habe ich zu Recht die Lampen nicht ausgeschaltet.

Impuls: Wie möchte ich reagieren? Was möchte ich am liebsten sagen oder tun?
Ich will eigentlich sofort in das Büro meines Vorgesetzten stürmen und ihm sagen, dass seine Anschuldigungen wohl das Letzte sind. Er soll es ja nie mehr wagen, solche unbegründeten Anschuldigungen in die Welt zu setzen! Man kann sich ja nicht alles gefallen lassen!

Verschaffen Sie sich etwas *Bedenkzeit.* Unternehmen Sie etwas, dass Sie von dem Geschehen ablenkt, Ihnen guttut, Sie wieder beruhigt, den Kopf klar macht, z. B.:

Ich koche mir einen schönen Kaffee und spreche mit meiner Lieblingskollegin

Zweitsicht: Wie denke ich jetzt über diesen Anlass? Möchte ich immer noch so reagieren? Welche Konsequenzen hätte meine Reaktion? Welche Alternativen habe ich? Wie könnte ich stattdessen reagieren? Was könnte ich stattdessen sagen oder tun?
Mein Vorgesetzter hätte genauer nachforschen müssen, bevor er mir diesen Vorwurf macht. Auf der anderen Seite kann ich nicht so emotional heftig reagieren – das ist unprofessionell und wirft ein schlechtes Licht auf mich. Ich muss mich auf jeden Fall gefühlsmäßig unter Kontrolle haben und professionell handeln.

Fazit: Möchte ich jetzt immer noch genauso reagieren? Welche Alternativen stehen mir noch zur Verfügung?
Ich verzichte auf eine direkte Konfrontation und schreibe stattdessen eine E-Mail mit folgendem Text: »Lieber Herr Müller, Ich kann Ihren Hinweis auf erhöhte Stromkosten nachvollziehen, bin aber nicht der richtige Ansprechpartner: Als ich gestern gegen 18:30 Uhr den Betrieb verlassen habe, waren noch weitere Kollegen an ihrem Arbeitsplatz.«

Zugegeben: Es ist nicht gerade einfach, sich die notwendige Bedenkzeit zur Durchführung der »Zweitsicht«-Strategie zu verschaffen, insbesondere wenn die Emotionen »hochkochen«. Deshalb ist es sinnvoll diese Strategie zunächst ausgiebig zu üben, am besten, wenn man noch nicht »auf 180« ist und Gefahr läuft, dass gleich »die Gäule mit einem durchgehen«.

Verzichten Sie deshalb *so oft wie möglich* darauf, Ihre Impulse direkt in die Tat umzusetzen. Verschaffen Sie sich stattdessen etwas Bedenkzeit für eine *Zweitsicht* und überlegen in aller Ruhe, was unter den gegebenen Umständen die sinnvollste Reaktion sein könnte.

Auf dem Arbeitsblatt 5.4 »Meine Zweitsicht-Strategie« auf S. 166 können Sie Ihre Beobachtungen und Erkenntnisse übersichtlich und kompakt eintragen.

Um es bildhaft auszudrücken: Wenn Sie viel üben (d.h. häufig die »Zweitsicht«-Strategie einsetzen), dann kann sich mit der Zeit ein »innerer Berater« ausbilden, der einen klaren Kopf behält und Sie dabei unterstützt, im »Ernstfall« nicht die Nerven zu verlieren, sondern stattdessen mit Herz und Verstand vorzugehen.

Des Weiteren können Sie bei konsequenter Umsetzung der »Zweitsicht«-Strategie mit der Zeit ein Gefühl dafür entwickeln, bei welchen Anlässen und Stimmungen Sie eher in der Gefahr sind, vorschnell oder unbedacht zu reagieren.

Tipp:

Die »Zweitsicht«-Strategie kann auch eingesetzt werden, um eine Analyse von *bereits vergangenen* Situationen/Reaktionen durchzuführen – Sie müssen dafür lediglich folgende kleine Änderung vornehmen:

- ☑ Nehmen Sie sich ein Blatt Papier und schreiben Sie dann aus der Erinnerung auf, was damals genau passiert ist (= *Anlass*), wie es Ihnen gefühlsmäßig ging (= *Stimmung*) und was Sie gesagt oder getan haben (= *Reaktion*); d.h. ersetzen Sie die Spalte: »Impuls« (= was Sie am liebsten gesagt oder getan *hätten*) durch »Reaktion« (= was Sie bereits gesagt oder getan haben).
- ☑ Nehmen Sie dann eine *Zweitsicht* vor, indem Sie darüber nachdenken, welche Konsequenzen durch Ihre Reaktion ausgelöst wurden. Überlegen Sie in diesem Zusammenhang auch, warum Sie damals so reagiert haben. Denken Sie abschließend darüber nach, welche Alternativen aus heutiger Sicht möglich gewesen wären.
- ☑ Ziehen Sie dann ein *Fazit* und notieren auf Ihrem Blatt Papier, ob Sie heute immer noch so handeln oder ob Sie stattdessen lieber eine andere Vorgehensweise/Reaktion wählen würden.

Falls Sie das *Arbeitsblatt 5.4 »Meine Zweitsicht-Strategie«* für eine Analyse von bereits abgelaufenen Ereignissen verwenden wollen, so streichen Sie einfach in der dritten Spalte auf dem Arbeitsblatt das Wort: »Impuls« durch und ersetzten dies durch das Wort: »Reaktion« (*Wie habe ich reagiert? Was möchte ich gesagt oder getan?*).

5.3.5 »Problem«: Ich kann manchmal nur schwer einschätzen, ob sich meine Stimmungslage bereits einem »gefährlichen Siedepunkt« nähert

Lösungsvorschlag: Der »Grün-Gelb-Rot«-Check

Die Anwendung des »*Grün-Gelb-Rot*»-Checks ermöglicht auf eine schnelle Art und Weise zu überprüfen, ob momentan noch alles im »grünen Bereich« ist, oder ob sich die Stimmungslage bereits einen »gefährlichen Siedepunkt« nähert, bei dem Sie Ihre Impulse nicht mehr unter Kontrolle haben.

Die Farben: GRÜN–GELB–ROT stehen dabei jeweils für einen bestimmten emotionalen Zustand auf dem »Stimmungsthermometer«.

☹ **ROT: *»Meine Stimmungslage ist explosiv, der Siedepunkt ist erreicht!«***
Dies bedeutet, dass Sie kurz davor sind, Ihre Kontrolle zu verlieren und zu explodieren.

😐 **GELB: *»Meine Stimmungslage steht auf der Kippe, es wird kritisch!«***
Dies bedeutet, dass sich Ihre Stimmungslage verschlechtert hat bzw. Ihre Anspannung gestiegen ist und demnächst einen bedenklichen und kritischen Wert erreichen könnte.

☺ **GRÜN: *»Alles im grünen Bereich!«***
Dies bedeutet, dass es Ihnen momentan GUT geht und Sie sich recht gut, gelassen und wohl fühlen.

Selbstverständlich sollte man es nicht bei dem *»Grün-Gelb-Rot»*-Check belassen – genauso wichtig ist es, dass man – passend zur aktuellen Stimmungslage – die geeigneten Maßnahmen ergreift:

Bei **GRÜN:** Schön, dass Sie sich aktuell in ihrem »Grünen-Wohlfühl-Bereich« befinden, weiter so!

Bei **GELB:** Immer wenn Ihre Befindlichkeit in dem kritischen »gelben Bereich« angekommen ist, ist es an der Zeit, etwas zu tun, damit die innere Anspannung nicht weiter steigt und Sie schnell wieder in ihren »Grünen-Wohlfühl-Bereich« gelangen.

Bei **ROT:** Damit ist die »höchste Alarmstufe!« erreicht. Sie sollten nun nicht lange warten, sondern stattdessen sofort etwas hilfreiches tun, damit die Anspannung wieder sinken kann, Ihre Stimmung sich wieder beruhigt und Sie allmählich wieder in den »Grünen-Wohlfühl-Bereich« gelangen.

Den *»Grün-Gelb-Rot»*-Check durchzuführen ist ganz einfach – gehen Sie dazu folgendermaßen vor:

Schließen Sie dazu die Augen, konzentrieren Sie sich auf sich selbst, spüren Sie in sich hinein und fragen sich dann: »Wie geht es mir gerade?«

Schätzen Sie dann Ihren momentanen Gefühlszustand ein mittels der drei Smileys.

Damit der »*Grün-Gelb-Rot*«-Check in Fleisch und Blut übergeht, sollte man ihn ausführlich üben, d. h. mehrmals pro Tag durchführen. Mit der Zeit kann man so lernen, sich schnell ein Bild von seinem momentanen Gefühlszustand zu verschaffen, um dann gegebenenfalls die passenden Maßnahmen zu ergreifen.

Damit man den Überblick behält, empfiehlt es sich seine Beobachtungen zu protokollieren, z. B. nach dem folgenden Muster:

Datum/ Uhrzeit	**Situation** ***Wo bin ich? Was mache ich?***	**Befindlichkeit** ***Wie geht es mir gerade?***	**Erklärung** ***Warum ist das so?***	**Gegenmaßnahme bei GELD oder ROT** ***Was hilft mir, um wieder in den GRÜNEN Bereich zu kommen?***
Montag, 8:30 Uhr	*Auf dem Weg zur Arbeit befinde ich mich im Stau.*	GELB	• Ich habe Angst, dass ich es nicht pünktlich zur Arbeit schaffe – dann komme ich zu spät zu einer Besprechung mit meinen Kollegen. • Ich bin diesen Monat schon wiederholt zu spät gekommen und befürchte nun Ärger mit dem Chef.	• Ich kann im Büro anrufen und sagen, dass ich im Stau stehe und mich deshalb um ca. 15 Minuten verspäten werde. • Danach lege ich meine Relax-Musik auf und versuche, wieder runter zu kommen – ich kann es ja jetzt sowieso nicht ändern. • Ich werde die Zeit im Stau nutzen um den weiteren Tag durchzuplanen. • Vielleicht sollte ich in Zukunft ca. 15 Min. früher von zuhause wegfahren
Mittwoch, 13 Uhr	• Ich lese eine E-Mail des Vermieters, in der er mir vorwirft, dass ich meinen »Putzdienst« im Treppenhaus nicht ordentlich genug durchführe. Er droht mir damit, dass er eine Reinigungskraft beauf-	ROT	• Die Vorwürfe sind total unbegründet und außerdem kann mich der Vermieter bloß nicht leiden. • Der soll sich nicht so anstellen: Ich putze gründlich genug.	*Ich gewinne jetzt erstmal Abstand und reagiere mich ab, indem ich um den Block laufe. Danach werde ich überlegen, wie ich angemessen auf die E-Mail reagiere.*

Datum/ Uhrzeit	**Situation** *Wo bin ich? Was mache ich?*	**Befindlichkeit** *Wie geht es mir gerade?*	**Erklärung** *Warum ist das so?*	**Gegenmaßnahme bei GELD oder ROT** *Was hilft mir, um wieder in den GRÜNEN Bereich zu kommen?*
	tragen wird, welche ich dann zahlen soll. • Am liebsten möchte ich jetzt sofort antworten bzw. anrufen und unmissverständlich klar machen, was ich von solchen unverschämten E-Mails halte!			
Donnerstag, 18:30 Uhr	*Ich bin von einer guten Freundin zu einem gemütlichen Nachmittag eingeladen worden und wir sitzen zusammen und unterhalten uns bei einer guten Tasse Kaffee und selbst gebackenen Kuchen.*	GRÜN	• Je mehr Sachen ich unternehme, die mir guttun, desto besser geht es mir. • Ich sollte mir regelmäßig Zeit nehmen, um mich mit guten Freunden zu treffen.	

Durch die regelmäßige Durchführung des *»Grün-Gelb-Rot«*-Checks kann man mit der Zeit ein gutes Gespür dafür entwickeln, in welchen Situationen/bei welchen Aktivitäten/unter welchen Umständen die Stimmung kritisch (= GELB) wird oder sogar ins Explosive (= ROT) kippt. Des Weiteren kann man sich so mit der Zeit einen Katalog an wirksamen Gegenmaßnahmen zusammenstellen, um schnell wieder in den »grünen Wohlfühlbereich« zu gelangen.

Sie können Ihre Überlegungen und Erkenntnisse auch auf dem Arbeitsblatt 5.5 »Mein Grün-Gelb-Rot-Check« auf S. 167 sowie dem Arbeitsblatt 5.6 »Meine Grün-Gelb-Rot-Übersicht« auf S. 168 dokumentieren.

Tipp:

- ☑ Teilen Sie auch Ihrem Partner/wichtigen Bezugspersonen die Bedeutung der Bezeichnungen: GRÜN–GELB–ROT mit, damit Sie ihnen auf eine schnelle und prägnante Art und Weise mitteilen können, wie es Ihnen gerade stimmungsmäßig geht.
- ☑ Fragen Sie Ihren Partner/wichtige Bezugspersonen, woran diese erkennen, ob bei Ihnen stimmungsmäßig alles noch im »grünen Bereich« liegt oder ob sich Ihre Stimmungslage bereits einem gefährlichen Siedepunkt nähert.
- ☑ Sprechen Sie mit Ihrem Partner/wichtigen Bezugspersonen ab, was Ihnen hilft bzw. was Sie dabei unterstützt, stimmungsmäßig möglichst lange im »grünen Bereich« zu bleiben.
- ☑ Sprechen Sie mit Ihrem Partner/wichtigen Bezugspersonen ab, was Sie tun können, um möglichst schnell wieder die ROTE oder GELBE Gefahrenzone zu verlassen.

Weitere Strategien, Techniken und Verhaltensweisen, die Ihnen helfen können, sich möglichst lange bzw. häufig in Ihrem »grünen Wohlfühlbereich« aufzuhalten, finden Sie in den nächsten Abschnitten.

5.3.6 »Problem«: Ich möchte mich stimmungsmäßig möglichst oft im meinem »grünen Wohlfühlbereich« befinden, weiß aber nicht, wie ich das erreichen kann

Lösungsvorschlag: Die »Alles, was mir guttut«-Strategie

Die »*Alles, was mir guttut*«-Strategie beruht auf der Beobachtung, dass Menschen sich stimmungsmäßig umso häufiger bzw. länger in Ihrem »grünen Wohlfühlbereich« befinden, je öfters sie in ihrem Alltag Gutes – Angenehmes – Bestärkendes – Genussvolles – Aufbauendes – Beglückendes – Kraft gebendes – Schönes – ... erleben bzw. unternehmen.

Folgend finden Sie einige Beispiele für:

- *Aktivitäten, die einem guttun* (z. B. sportliche Betätigung; Malen; Gartenarbeit; ein Buch lesen; ...)
- *soziale Kontakte/Interaktionen mit Menschen oder Haustieren, die einem guttun* (z. B. sich regelmäßig mit Freundin zu gemeinsamen Gesprächen treffen; sich ein Fußballspiel mit den Freunden anschauen; mit dem Hund spielen; ...)
- *weitere Maßnahmen und Verhaltensweisen, die einem guttun und/oder positive Auswirkungen auf die Befindlichkeit haben* (z. B. Bewegung/sportliche Aktivitäten; ausreichend Schlaf; geregelte Mahlzeiten; die regelmäßige Einnahme von ADHS-spezifischen Medikamenten...)

Zur Umsetzung der »*Alles, was mir guttut*«-Strategie ist es notwendig, die folgenden *zwei Schritte* zu befolgen:

1. Finde heraus, was/wer Ihnen alles guttut
2. Achten Sie darauf, dass diese Aktivitäten (soziale Kontakte/Interaktionen mit anderen Menschen, Erlebnisse, ...) ausreichend und regelmäßig in Ihrem Leben vorkommen.

Lassen Sie uns gleich mit *Punkt 1* beginnen, d. h. herauszufinden, was einem alles *guttut.*

Um herauszufinden, was Ihnen alles guttut, können Sie beispielsweise auf Ihre Beobachtungen und Aufzeichnungen aus dem *Arbeitsblatt 5.6: Meine Grün-Gelb-Rot-Übersicht* (s. den vorherigen Abschnitt) zurückgreifen, auf dem Sie bereits Aktivitäten und Erlebnisse notiert haben, die Ihnen helfen, Ihren »grünen Wohlfühlbereich« zu erreichen – hier ein Beispiel dafür:

Bei welchen Situationen/Anlässen ist bei mir alles im »grünen Bereich«?

Wenn ich schöne Dinge tue; wenn ich mich täglich beim Sport »auspowere«; wenn ich mit mir zufrieden bin; wenn ich genügend Zeit für meine Erledigungen einplane; wenn ich mich mit Freunden zum gemeinsamen gemütlichen kaffeetrinken und reden treffe.

Was kann ich tun/Was hilft mir, dass es so bleibt?

Darauf achten, jeden Tag schöne Dinge zu unternehmen/zu erleben; jeden Tag ca. 20 Minuten für Sport/Bewegung einplanen; mich nicht über jeden Quatsch aufregen, sondern durchatmen und auch mal »5 gerade sein lassen«; mich nicht nur für Fehler kritisieren, sondern auch meine Erfolge sehen und mich dafür loben; mich mit Menschen umgeben, die mir guttun; regelmäßige Mahlzeiten; einen geregelten Schlaf; …

Genauso sinnvoll ist es, für eine gewisse Zeit ein »*Tagebuch mit schönen Erlebnissen*« zu führen. Nehmen Sie sich zu diesem Zweck jeden Abend etwas Zeit, um über die folgenden Fragen nachzudenken:

Was/Wer…

☑ hat mir HEUTE gutgetan?
☑ hat mir HEUTE Kraft gegeben?
☑ hat mich HEUTE entspannt?
☑ ist HEUTE schön gewesen?
☑ hat mich HEUTE bestärkt?
☑ habe ich HEUTE genossen?
☑ hat mich HEUTE aufgerichtet?
☑ hat mich HEUTE zum Lachen/Lächeln gebracht?

Wie Sie bestimmt bereits gemerkt haben, ist es *nicht* notwendig, alle der oben genannten Fragen zu beantworten. Die vielen Fragen sollen lediglich einen gedanklichen »Suchprozess« auslösen, sodass Sie sich besser an die verschiedenen *guten* Momente des Tages erinnern können.

Tipp:

☑ Sie können eine förderliche Wohlfühlatmosphäre beim Nachdenken/Beantworten der Fragen herstellen, indem Sie beispielsweise eine Kerze anzünden, sich eine gute Tasse Tee gönnen oder eine Lieblingsmusik im Hintergrund spielen lassen.
☑ Sie können auch ihre Partnerin oder Ihren Partner an dieser Übung beteiligen, indem Sie sich gegenseitig ihre schönen Momente des vergangenen Tages mitteilen.

Schreiben Sie dann Ihre guten – angenehmen – bestärkenden – genussvollen – aufbauenden – beglückenden – Kraft gebenden – schönen – … Erlebnisse in ein extra dafür vorgesehenes Heft.

WICHTIG: In dieses Heft bzw. Tagebuch sollte nichts anderes aufgeschrieben werden, d. h. die schlechten Erlebnisse des Tages oder auch die »To do-Liste« für den morgigen Tag gehören da NICHT rein.

Bei der Gestaltung Ihrer Aufzeichnungen können Sie selbstverständlich ganz kreativ und abwechslungsreich vorgehen, von einer stichwortartigen Auflistung der Erlebnisse bis hin zu einer bildhaften Ausschmückung Ihrer

Erlebnisberichte mit Zeichnungen oder Fotografien (z. B. vom Ausflug mit Ihren besten Freunden an den See).

Selbstverständlich sollten Sie nichts »beschönigen«: es mag Tage geben, wo einem beim besten Willen nichts angenehmes – bestärkendes – genussvolles – aufbauendes – beglückendes – Kraft gebendes – schönes – … einfällt.

In diesem Fall lohnt es sich aber über die folgenden Fragen nachzudenken:

Was/Wer…

- könnte mir MORGEN guttun?
- könnte mir MORGEN Kraft geben?
- könnte mich MORGEN entspannen?
- könnte MORGEN schön sein?
- könnte mich MORGEN bestärken?
- könnte ich MORGEN genießen?
- könnte mich MORGEN zum Lachen/Lächeln bringen?

Eine weitere Möglichkeit, es sich gut gehen zu lassen und damit in seinem »grünen Wohlfühlbereich« zu bleiben, ist öfters mal »Urlaub vom Alltag« zu machen. Bestimmt haben Sie diese Erfahrung auch schon gemacht: Nach einem schönen Urlaub kommt man ganz erholt zurück und fühlt sich auch danach, für eine gewisse Zeit, noch voller Elan.

Da viele Menschen nicht so häufig verreisen können, wie es gut und schön für sie wäre, lohnt es sich das positive Urlaubsgefühl zu sich nach Hause zu holen. Damit ist gemeint, dass man sich öfters mal eine kleine/kurze bis größere/längere Pause vom Alltag gönnt, um den Kopf wieder freizubekommen und sich zu erholen.

Überlegen Sie sich deshalb regelmäßig, welches Ihre Möglichkeiten für einen *(Urlaubs-)Ausstieg auf Zeit* sind – Anregungen dazu finden Sie in der folgenden Tabelle:

Meine Möglichkeiten, Urlaub vom Alltag zu machen

5 Minuten Zeit: *Ein nettes Gespräch mit meiner Kollegin führen; die Musik auf laut drehen und durch die Wohnung tanzen; eine Kurzentspannung durchführen.*

15 Minuten Zeit: *Mich in die Sonne legen und in den blauen Himmel schauen.*

30 Minuten Zeit: *Ein Spaziergang in der Mittagspause; mich in die Badewanne legen.*

Eine Stunde Zeit: *Sport machen (inklusive Duschen); nach der Arbeit zu Fuß nachhause gehen; ein gutes Buch lesen; im Café sitzen und Leute beobachten.*

2 Stunden Zeit: *Mit Freunden ins Kino gehen; zu Fuß einen mir (noch) unbekannten Stadtteil erkundigen; am So. ausgiebig brunchen gehen; Blumen setzen im Garten.*

Einen ganzen Tag Zeit: *Ich packe mir etwas zu Essen und zu Trinken ein und mache an meinem freien Wochenende eine kleine »Urlaubsfahrt« mit meinem Fahrrad ins Umland; ich besuche am Sa. einen kostenlosen Workshop bei der VHS.*

Nachdem Sie sich nun ausgiebig mit der Frage: »*Was/Wer tut mir gut*« beschäftigt haben, ist es nun an der Zeit, den *Punkt 2* umzusetzen: »Achten Sie darauf, dass diese Aktivitäten (soziale Kontakte, Interaktionen mit anderen Menschen, Erlebnisse…) ausreichend und regelmäßig in Ihrem Leben vorkommen.«

Zu diesem Zweck erstellen Sie, unter Zuhilfenahme Ihrer Beobachtungen und Aufzeichnungen (s. dazu Punkt 1), zunächst eine »Alles, was mir guttut«-Liste – in der folgenden Übersicht finden Sie ein Beispiel dafür:

Die »Alles, was mir guttut«-Liste hilft mir, im meinem »grünen Wohlfühlbereich« zu bleiben

- ☑ Jeden Tag ca. 20 Minuten Sport machen
- ☑ Mich ca. 2–3 × pro Woche mit meinem besten Freund Markus zum Reden treffen
- ☑ Mit meiner Katze »Elli« schmusen

☑ Jeden Tag meine ADHS-Medikamente nehmen
☑ Ca. alle zwei Stunden eine Kleinigkeit essen (Unterzuckerung macht mich »aggressiv«)
☑ Mir für jeden Tag einen Tagesplan zu machen, damit ich einen Überblick über meine Termine behalte
☑ Täglich eine Achtsamkeits-Übung durchführen
☑ Spätestens um 23 Uhr ins Bett gehen
☑ Jeden Tag die »Selbstberuhiger«-Strategie durchzuführen

Übertragen Sie dann die einzelnen Punkte von dieser Liste in eine »Alles, was mir guttut«-Wochenübersicht, sodass Sie im Wochenverlauf überprüfen können, wie viele dieser guttuenden Aktivitäten und Handlungen Sie erlebt haben.

Sie können Ihre persönliche Auswahl von guttuenden Aktivitäten und Handlungen auf dem Arbeitsblatt 5.7 »Alles, was mir guttut-Wochenübersicht« auf S. 169–170 eintragen.

In der folgenden Tabelle finden Sie ein Beispiel für eine »Alles, was mir guttut-Wochenübersicht«

Wie sehr habe ich auf Folgendes geachtet?	**Mo**	**Di**	**Mi**	**Do**	**Fr**	**Sa**	**So**
20 Min. Sport (Cross-Trainer)	✓	✓	✓		✓	✓	
Die »Selbstberuhiger«-Strategie» durchführen	✓	✓		✓		✓	✓
Treffen mit Markus (bester Freund)			✓				✓
»Urlaub vom Alltag« machen		✓		✓	✓		

Sie sollten dann regelmäßig auf Ihre Wochenübersicht schauen und sich fragen: »Hab ich heute genügend Maßnahmen durchgeführt, die mir helfen, im meinem »grünen Wohlfühlbereich« zu bleiben?«.

Wenn Sie diese Frage mit »Ja!« beantworten, dann ☺ »Weiter so!«.

Wenn Sie diese Frage hingegen mit »Nein!« beantworten müssen, dann lohnt es sich zu überlegen, welche Maßnahmen heute noch ergriffen bzw. welche Unternehmungen heute noch gestartet werden können, damit es Ihnen wieder gut geht.

Selbstverständlich können Sie diese Liste regelmäßig ergänzen oder auch verändern, falls Ihnen neue Aktivitäten, Handlungen und Maßnahmen einfallen, die Ihnen guttun und Ihnen helfen, stimmungsmäßig in Ihrem »grünen Wohlfühlbereich« zu bleiben.

Tipp:

☑ Die konsequente Umsetzung der »*Alles, was mir guttut*»-Strategie kann zu einem deutlichen Zuwachs an Ausgeglichenheit, Wohlbefinden und Lebenszufriedenheit führen und Sie dabei unterstützen, häufiger gelassen zu reagieren.

5.3.7 »Problem«: Ich bin schnell mal aus der Ruhe gebracht und dann braucht es nur noch ganz wenig bis zum »Auszuflippen« oder »kopflos« reagieren. Wie kann ich in Zukunft länger ruhig und besonnen bleiben?

Lösungsvorschlag: Die »Selbstberuhiger«-Strategie

Die »*Selbstberuhiger*»-Strategie kann Sie dabei unterstützen, beruhigend und »deeskalierend« auf sich selbst einzuwirken.

Sicherlich haben Sie diese Strategie schon des Öfteren angewendet: Jedes Mal, wenn Sie einfühlsam, beruhigend und ermutigend zu einem guten Freund oder einer guten Freundin sprechen, dann wenden Sie letztendlich eine »*Selbstberuhiger*»-Strategie an.

Daher ist die Umsetzung dieser Strategie eigentlich ganz einfach: Sie müssen nur das auf sich selbst anwenden, was Sie bereits schon viele Male für andere getan haben – gehen Sie dafür folgendermaßen vor:

Immer wenn Sie merken, dass Sie etwas/jemand gerade ziemlich aufregt und Ihre Stimmung in den kritischen »gelben« oder sogar in den explosiven »roten« Bereich wandert, dann atmen Sie einmal tief durch und sagen Sie sich dann...«Ganz ruhig, das kann ich jetzt nicht ändern« und/oder »Ganz ruhig, das geht vorüber«.

Im Folgenden finden Sie einige Beispiele für Situationen, bei denen man die Selbstberuhiger-Strategie anwenden kann:

Auslöser	**Selbstberuhiger: Ich sage mir...**
Ich steh im Stau.	*Ganz ruhig, das geht vorüber*
Meine Umzugshilfe hat kurzfristig abgesagt.	*Ganz ruhig, das kann ich jetzt nicht ändern*
Mein Chef »nervt« schon wieder mit endlosen Monologen, dass früher alles besser war.	*Ganz ruhig, das geht vorüber*
Ich habe gerade meine Einkaufstüte fallenlassen und nun sind alle Flaschen zerbrochen.	*Ganz ruhig, das kann ich jetzt nicht ändern*

Vielleicht fallen Ihnen jetzt auf Anhieb schon verschiedene Situationen/Anlässe aus Ihrem Leben ein, bei denen sich der Einsatz der Selbstberuhiger-Sätze: »*Das kann ich (jetzt) nicht ändern*« und »*Das geht Vorüber*« anbieten würde.

Schreiben Sie sich in diesem Fall: Anlass/Auslöser und den dazu passenden Selbstberuhiger-Satz auf, z.B. nach dem Muster wie es in der obigen Tabelle beschrieben wurde.

Warten Sie nicht, bis dieser Anlass wieder eintritt, sondern üben Sie die Anwendung dieser Strategie so oft wie möglich, indem Sie sich eine konkrete Situation *vorstellen* und sich dann dazu ihren passenden Selbstberuhiger-Satz aufsagen.

Tipp:

- ☑ Sie können diesen »Selbstberuhiger«-Satz entweder laut aussprechen oder auch nur »im Kopf« zu sich sagen.
- ☑ Versuchen Sie zu lächeln, wenn Sie diesen »Selbstberuhiger«-Satz aussprechen bzw. denken.
- ☑ Kombinieren Sie diesen Satz mit einem hilfreichen Bild indem Sie sich vorstellen, wie ein guter Freund oder Verwandter diesen »Selbstberuhiger«-Satz zu Ihnen sagt. Genauso effektiv ist es sich dabei vorzustellen, dass man eine *Rüstung* anhat oder von einem »Energieschild« umgeben ist, der gegen Ärger, Anfeindungen, Stress oder andere Widrigkeiten schützt.

Achten Sie auch in nächster Zeit auf weitere passende Gelegenheiten zur Anwendung der *»Das kann ich (jetzt) nicht ändern»*- und *»Das geht Vorüber»*-Sätze, schreiben Sie sich diese auf und üben Sie dann die Anwendung des »Selbstberuhiger«-Satzes nach dem oben beschriebenen Muster.

Tipp:

- ☑ Da Menschen mit ADHS häufig auch eine besondere Sensibilität und Feinfühligkeit aufweisen, kann die Anwendung der *»Selbstberuhiger»*-Strategie auch dabei helfen, sich nicht mehr alles so zu Herzen zu nehmen.

Überlegen Sie sich auch weitere Strategien, die Ihnen helfen können, sich ein »dickeres Fell« zuzulegen und im Alltag gelassener zu bleiben.

Übersicht über die Arbeitsblätter aus Kapitel 5:

- Arbeitsblatt 5.1: Fragen, Bemerkungen und Gedanken (S. 162)
- Arbeitsblatt 5.2: Meine Kontrollverlust-Förderer und Kontrolle-Halter (S. 163)

- Arbeitsblatt 5.3: Entscheidungen mit Weitblick treffen (S. 164–165)
- Arbeitsblatt 5.4: Meine Zweitsicht-Strategie (S. 166)
- Arbeitsblatt 5.5: Mein Grün-Gelb-Rot-Check (S. 167)
- Arbeitsblatt 5.6: Meine Grün-Gelb-Rot-Übersicht (S. 168)
- Arbeitsblatt 5.7: Alles, was mir guttut-Wochenübersicht (S. 169–170)
- Arbeitsblatt 5.8: Mein Übungsprotokoll (S. 171)

Arbeitsblatt 5.1: Selbstmanagement bei ADHS

Fragen, Bemerkungen und Gedanken zu diesem Kapitel

Bitte schreiben Sie an dieser Stelle Ihre Fragen, Bemerkungen und Gedanken auf, die durch das Lesen dieses Kapitels ausgelöst worden bzw. entstanden sind.

Arbeitsblatt 5.2: Selbstmanagement bei ADHS

Meine Kontrollverlust-Förderer und Kontrolle-Halter

Kontrollverlust-Förderer	*Kontrolle-Halter*

Fazit:

Unter welchen Bedingungen: • bin ich schnell/leicht gereizt, • kippt meine Stimmung ins Explosive? • fällt es mir schwer, Entscheidungen mit Weitblick zu treffen?	**Unter welchen Bedingungen:** • kann ich mich am besten beherrschen? • kann ich mit Bedacht handeln? • kann ich Entscheidungen mit Weitblick treffen?

Arbeitsblatt 5.3: Selbstmanagement bei ADHS

Entscheidungen mit Weitblick treffen

Um auch in finanzieller Hinsicht »Entscheidungen mit Weitblick« zu tätigen, sollten Sie folgende Fragen beantworten:

- Wie viel Geld nehme ich pro Monat ein?
- Wie viel von diesen Geldeinnahmen benötige ich für meine Fixkosten (Lebensunterhalt, Miete, Kredite usw.)?
- Wie viel Geld bleibt dann pro Monat nach Abzug aller fixen Kosten übrig?

1. **Regelmäßige Einnahmen** pro Monat:	2. **Regelmäßige Ausgaben** pro Monat	3. **Verbleibender Geldbetrag** nach Abzug aller fixer Ausgaben pro Monat

Welchen Geldbetrag möchte ich als »Sicherheits-Reserve« für unerwartete Kosten/Ausgaben behalten?

Welchen Geldbetrag möchte ich pro Monat sparen?

4. **Sicherheits-Reserve** pro Monat:	5. **Sparbetrag** pro Monat

Welcher Geldbetrag bleibt dann **pro Monat**, d. h. nach Abzug aller oben genannten Kosten, »zur freien Verfügung« (z. B. für Spontankäufe oder Spontanaktionen) übrig?

Welcher Geldbetrag bleibt dann **pro Woche**, d. h. nach Abzug aller oben genannten Kosten, »zur freien Verfügung« (z. B. für Spontankäufe oder Spontanaktionen) übrig?

Extra-Geldbetrag, der pro **Monat** zur freien Verfügung steht:	**Extra-Geldbetrag**, der pro **Woche** zur freien Verfügung steht:

Was ist mir wichtig? Für welche Dinge/Gegenstände möchte ich prinzipiell diesen Extra-Geldbetrag verwenden?

Was ist mir wichtig? Für welche Aktivitäten/Unternehmungen möchte ich prinzipiell diesen Extra-Geldbetrag verwenden?

Dinge/Gegenstände:

Aktivitäten/Unternehmungen:

Arbeitsblatt 5.4: Selbstmanagement bei ADHS

Meine Zweitsicht-Strategie

ANLASS	STIMMUNG	IMPULS	ZWEITSICHT	FAZIT
Was genau ist passiert?	Wie geht es mir gerade?	Wie möchte ich reagieren? Was möchte ich am liebsten sagen oder tun?	Wie denke ich jetzt über diesen Anlass? Welche Konsequenzen hätte meine Reaktion?	Möchte ich jetzt immer noch genauso reagieren? Welche Alternativen stehen mir noch zur Verfügung?

Arbeitsblatt 5.5: Selbstmanagement bei ADHS

Mein Grün-Gelb-Rot-Check

Datum/ Uhrzeit	**Situation:** ***Wo bin ich? Was mache ich?***	**Befindlichkeit:** ***Wie geht es mir gerade?*** **GRÜN – GELB – ROT**	**Erklärung:** ***Warum ist das so?***	**Gegenmaßnahmen bei GELB oder ROT:** ***Was kann ich tun, um wieder in den GRÜNEN Bereich zu kommen?***

Arbeitsblatt 5.6: Selbstmanagement bei ADHS

Meine Grün-Gelb-Rot-Übersicht

Alles im GRÜNEN Bereich **Weiter so!** **Alles, was mir guttut...**	**GELB – Es wird kritisch** **Achtung Gefahr!** **Schnell wieder runter regulieren!**	**Alarmstufe ROT** **Stopp!** **Sofort gegensteuern!**
In welchen Situationen/bei welchen Anlässen ist bei mir alles im »grünen Bereich«?	In welchen Situationen/ bei welchen Anlässen komme ich in eine kritische Stimmungslage?	In welchen Situationen/ bei welchen Anlässen drohe ich »überzukochen«?
Was kann ich tun, damit es so bleibt?	Was hilft mir/Was kann ich tun, um wieder in den GRÜNEN Bereich zu kommen?	Was hilft mir/was kann ich tun, um wieder in den GRÜNEN Bereich zu kommen?

Arbeitsblatt 5.7: Selbstmanagement bei ADHS

Alles, was mir guttut – Wochenübersicht

Wie sehr habe ich auf Folgendes geachtet?	Montag	Dienstag	Mitt-woch	Don-nerstag	Freitag	Samstag	Sonntag
Entspannen/Ausspannen/ Ausruhen							
Bewegung/Sport/Tanzen							
Energie loswerden/ »Dampf ablassen«							
Genüsse/Schöne Erlebnisse							
Gute Gesellschaft/ Schöne Unternehmungen							
Erfolgserlebnisse							

Arbeitsblatt 5.8: Selbstmanagement bei ADHS

Mein Übungsprotokoll

Name der Übung/ Strategie	Mo	Di	Mi	Do	Fr	Sa	So
	☹ 😐 ☺	☹ 😐 ☺	☹ 😐 ☺	☹ 😐 ☺	☹ 😐 ☺	☹ 😐 ☺	☹ 😐 ☺

6 Selbstmanagement-Strategien, um Probleme (noch besser) zu lösen

Was sind die Ziele und Inhalte dieses Kapitels?

Im Folgenden wollen wir Ihnen Informationen zu den Themen *Management von Problemen* bzw. *Lösungsfindung* geben und mit Ihnen erarbeiten, wie Sie selbstständig und auf effektive Art und Weise Ihre aktuellen Probleme in Ihrem Leben analysieren, passende Lösungen finden und damit erwünschte Veränderungen erreichen können.

Am besten Sie legen sich schon mal Schreibmaterial (Notizblock, Textmarker und Kuli) zurecht, damit Sie wichtige Textpassagen markieren und Ihre Fragen, Gedanken und Anmerkungen zu diesem Kapitel notieren können (Arbeitsblatt 6.1 auf S. 190).

6.1 Positionsbestimmung: Wie denke ich über »Probleme«?

Lassen Sie uns diese Broschüre mit einer persönlichen Positionsbestimmung beginnen. Beantworten Sie dafür die folgende Frage: »*Was genau ist ein ›Problem‹ und wofür sind Probleme eigentlich gut?*«. Denken Sie dabei *nicht* an Ihre aktuellen Probleme, sondern beantworten Sie diese Frage stattdessen ganz allgemein.

Sie können Ihre Antworten übersichtlich in der linken Spalte auf dem Arbeitsblatt 6.2 »Den Standpunkt klären« auf S. 191 eintragen.

Überprüfen Sie dann, ob Ihre Antworten und Meinungen eher eine negative bzw. pessimistische oder eher eine positive bzw. optimistische Einstellung (Beispiele dafür finden sich in der folgen Tabelle) gegenüber Problemen widerspiegeln:

Negative/Pessimistische Einstellung	**Positive/Optimistische Einstellung**
☹ »Ein Problem ist eine Katastrophe, da es meinen Alltag erschwert und mich deshalb frustriert.«	☺ »Ein Problem ist eine lösbare Herausforderung.«
☹ »Probleme sind für gar nichts gut, denn sie machen nur Ärger und behindern das Vorankommen.«	☺ »Probleme sind prinzipiell gut, denn sie gehören zum Leben dazu und man kann an seinen Lösungen wachsen und noch besser werden.«

Denken Sie auch darüber nach, wie Sie zu dieser eher optimistischen oder eher pessimistischen Einstellung gegenüber Problemen gekommen sind.

Es empfiehlt sich, die oben genannten Fragen zur Einstellung gegenüber Problemen auch an Menschen aus ihrem Freundes- und Bekanntenkreis zu richten. Fragen Sie in diesem Zusammenhang auch nach, wie die betroffene Person ihren Standpunkt bzw. ihre Meinung zu diesem Thema entwickelt hat.

Sie können Ihre Antworten übersichtlich in der rechten Spalte auf dem Arbeitsblatt 6.2 »Den Standpunkt klären« auf S. 191 eintragen.

Stellt sich noch die Frage, warum es sich lohnen kann, solch eine Positionsbestimmung durchzuführen.

Sicherlich fällt es einem leichter, anstehende Probleme anzupacken, wenn man diese als alltäglich sowie normal ansieht und darauf vertraut, sie auch lösen zu können. Deshalb: »*Herzlichen Glückwunsch!*«, falls Sie bereits eine positive und optimistische Einstellung gegenüber Problemen aufweisen.

Leider sehen viele Menschen Probleme eher als etwas Ärgerliches oder Bedrohliches an, z. B. als Hindernisse, die unnötigerweise den Weg verstellen und damit die Erreichung wichtiger Ziele verzögern oder sogar ganz verhindern. Des Weiteren wird das Auftreten von Problemen häufig auch mit persönlichem Versagen oder »Charakterschwäche« in Verbindung gebracht. Diese negative/pessimistische Einstellung verursacht zum einen persönliches Leid und führt oft dazu, dass wir »den Kopf in den Sand stecken« und Probleme nicht angehen.

Die gute Nachricht ist: Einstellungen lassen sich verändern. Eine positive und optimistische Einstellung erleichtert uns die Wahrnehmung und fördert eine konstruktive sowie optimistische Herangehensweise an eine Problemlösung.

Denkaufgabe:

Denken Sie deshalb darüber nach, wie Sie eine (noch) positivere Einstellung gegenüber Problem entwickeln können (z. B.: »Probleme gehören dazu; jeder hat Probleme; Probleme sind zum Lösen da; ich finde einen Weg; über kurz oder lang fällt mir bestimmt eine passende Lösung ein; Probleme sind Chancen, über uns hinauszuwachsen und besser zu werden«).

Am besten Sie sagen sich Ihren neuen Leitsatz zu den Themen »Probleme« sowie »Problem-Management« des Öfteren vor, damit sich diese neue positive/optimistische Haltung nach und nach in Ihrem Bewusstsein verankern kann. Dies kann Ihnen Mut machen, anstehende Probleme endlich »beherzt anzupacken«.

6.2 Was genau ist ein »Problem« und wofür sind Probleme eigentlich gut?

Wenn man auf die Suche nach den Ursprüngen des Wortes »Problem« geht, so findet man heraus, dass dieser Begriff aus dem Griechischen πρόβλημα (= *próblema:* »Das Vorgelegte; das Vorgeworfene; Etwas, das zur Lösung vorgelegt wurde«) stammt. Genauer ausgedrückt bezeichnete der Begriff »Problem« anno dazumal eine Aufgabe, deren Lösung zwar mit Schwierigkeiten verbunden ist, die aber trotzdem zu lösen ist. Diese ursprüngliche Bedeutung findet sich auch in der heutigen Definition wieder:

> Probleme stellen Hindernisse dar, die überwunden oder umgangen werden müssen, um von einer unbefriedigenden Ausgangssituation in eine befriedigendere Zielsituation zu gelangen.

In der vorhergehenden Definition wird aufgezeigt,

- was Probleme ausmacht (= es sind Hindernisse),
- was man damit anstellen sollte (= diese sollen überwunden oder umgangen werden)
- und wozu die Lösung von Problemen eigentlich gut ist (= um von einer unbefriedigenden Ausgangssituation in eine befriedigendere Zielsituation zu gelangen).

> Die *Lösung* von Problemen lohnt sich auf jeden Fall, denn man verbessert dadurch sein Leben und häufig auch das Leben anderer bedeutsamer Menschen in seinem persönlichen Umfeld.

Wenn Sie jetzt denken: »*Aber ich weiß gar nicht, wie Problemlösung eigentlich geht*«, dann folgt hier die gute Nachricht: Problemlöse-Kompetenzen können erlernt, verbessert und ausgebaut werden.

Dieses Phänomen kennen Sie vielleicht aus eigener Erfahrung bereits vom Sport: denken Sie beispielsweise an den Kraftsportler, der durch beständige Übung immer mehr Gewicht gegen Widerstand bewegen kann oder auch an eine Läuferin, die durch kontinuierliche Bergläufe immer stärker sowie ausdauernder wird. Auch unsere »psychologischen Muskeln« lassen sich trainieren, indem wir uns unseren Problemen stellen, diese angehen und konstruktiv lösen. So wird mit der Zeit Problemlösung immer einfacher, da wir darin gut trainiert sind, Widerstände zu überwinden.

Die Wahrheit ist aber auch: Jeder hat in seinem Leben bereits Probleme gelöst.

Alle Probleme, die wir in der Vergangenheit bereits erfolgreich gelöst haben, stellen einen Erfahrungsschatz dar, von dem wir bei der Lösung zukünftiger Probleme profitieren können.

Grund genug, sich in dem nächsten Abschnitt intensiver mit diesem Thema zu beschäftigen.

6.3 Es ist noch niemand an seinen Problemen gewachsen, sondern an und mit seinen Lösungen

Sie kennen bestimmt den Spruch: »*Man wächst an seinen Problemen*«. Leider stimmt das nicht so ganz, denn: es sind *nicht* unsere Probleme, sondern unsere *Lösungen,* die uns in jeder Hinsicht weiterbringen. Lassen sie uns deshalb einen Blick in die Vergangenheit werfen und uns mit Ihren persönlichen *Problemlösungs-Erfolgserlebnissen* beschäftigen:

Denkaufgabe:

- Welche Probleme bzw. Anforderungen in Ihrem Leben haben Sie bereits (wie) gelöst?
- Welche Einstellung hat Ihnen dabei geholfen?
- Welchen Weg haben Sie dazu genommen?
- Welche Mittel (innere und/oder äußere Ressourcen) haben Sie dazu eingesetzt?
- Was hat sich dadurch in Ihrem Leben zum Besseren verändert?
- Bei welchem aktuellen Problem könnten die in der Vergangenheit angewandten Lösungsstrategien noch helfen?

Bestimmt fallen Ihnen jetzt einige *Erfolgsgeschichten* ein, wie Sie Probleme gelöst, Schwierigkeiten überwunden und Ziele erreicht haben.

Sie können die Antworten auf dem Arbeitsblatt 6.3 »Problemlösungs-Erfolgsgeschichten« auf S. 192 eintragen.

Im nächsten Abschnitt möchten wir nun darstellen, wie man auf methodische Art und Weise Probleme lösen kann.

6.4 Wie lassen sich Probleme auf methodische Art und Weise lösen?

Wir möchten diese Frage ganz »praktisch« beantworten und uns hier *nur* auf die Faktoren konzentrieren, die man selbst beeinflussen kann. Lassen Sie uns gleich damit beginnen!

Zur Lösung von Problemen sollte man zunächst analysieren, in welcher problematischen Ausgangslage man sich befindet (= IST-Zustand). Danach gilt es zu überlegen, was man genau daran ändern möchte und welches Ziel man damit erreichen möchte (= SOLL-Zustand). Danach gilt es nur noch herauszufinden, mit welchen Mitteln bzw. auf welchem Weg man sein Ziel erreichen kann (= Ressourcen, s. dazu ▶ Teil II »Ressourcen«).

Abb. 8: Problemlösungs-Weg

Bleibt noch die Frage zu klären, wie man am besten vorgeht, um geeignete Mittel und Wege zur Ziel-Erreichung zu finden. Vielleicht kennen Sie diese Textpassage aus dem Buch »Alice im Wunderland«[2], in der Alice die Katze fragt, wohin sie ab hier gehen könnte: »[Alice spricht] *Willst du mir wohl sagen, wenn ich bitten darf, welchen Weg ich hier nehmen muss?« – »Das hängt zum guten Teil davon ab, wohin du gehen willst«*, sagte die Katze.«

> Erst nachdem wir unser Ziel festgelegt haben, können wir überlegen, auf welchem Weg wir am besten dort hinkommen.

Dieses Prinzip kennen wir zur Genüge aus dem »richtigen Leben«: Erst wenn feststeht, dass die nächste Reise nach Rom führt (= Ziel/SOLL-Zustand), kann man sich überlegen, auf welchem Weg (z. B. über die Schweiz) und mit welchem Mittel (z.B. mit dem Zug) man am besten dort hinkommt (= Ressourcen).

Im nächsten Abschnitt möchten wir noch konkreter werden und Ihnen eine Anleitung zur Lösung von Problemen in »6 Stufen« vorstellen.

2 zitiert aus Lewis Carroll: Alice im Wunderland. Übersetzt von Antonie Zimmermann. Johann Friedrich Hartknoch, Leipzig 1869, Seite 83

6.5 Mein Veränderungsprojekt: Ein Problem-Lösungsschema in 6 Stufen

Wie Sie bereits wissen, passiert Problemlösung in den seltensten Fällen »wie von selbst oder über Nacht«. Probleme zu lösen ist häufig ein umfangreiches Vorhaben: etwas Problematisches (= IST-Zustand) wird so lange *verändert*, bis man ein vorher festgelegtes Ziel (= Soll-Zustand) erreicht hat. Dazu braucht es Willen zur Veränderung, einen Plan, persönlichen Einsatz und auch Zeit.

Wussten Sie schon?

- Der Begriff: »Veränderungsprojekt« bezeichnet ein Problem, welches durch methodische Planung und gezieltes Handeln gelöst, d.h. in einen erwünschten Ziel-Zustand überführt werden soll.

Immer wenn man ein bestimmtes Ziel ins Auge gefasst hat, einen Plan erstellt, diesen umsetzt und damit ein Problem auf methodische Art und Weise lösen möchte, dann arbeitet man an einem bestimmten Veränderungs-Projekt.

Tipp:

Bearbeiten Sie immer nur *ein* Veränderungsprojekt zu einem bestimmten Zeitpunkt. Bringen Sie dieses erst erfolgreich zum Abschluss, bevor Sie dann ein neues Problem angehen.

Im Folgenden möchten wir Ihnen nun ein Problem-Lösungsschema vorstellen, welches insgesamt sechs verschiedene aufeinander abgestimmte Phasen bzw. Stufen (▶ Abb. 9) umfasst, die im Sinne einer »Erfolgsleiter« sukzessive bis zum Erreichen eines zuvor definierten Ziels durchlaufen werden.

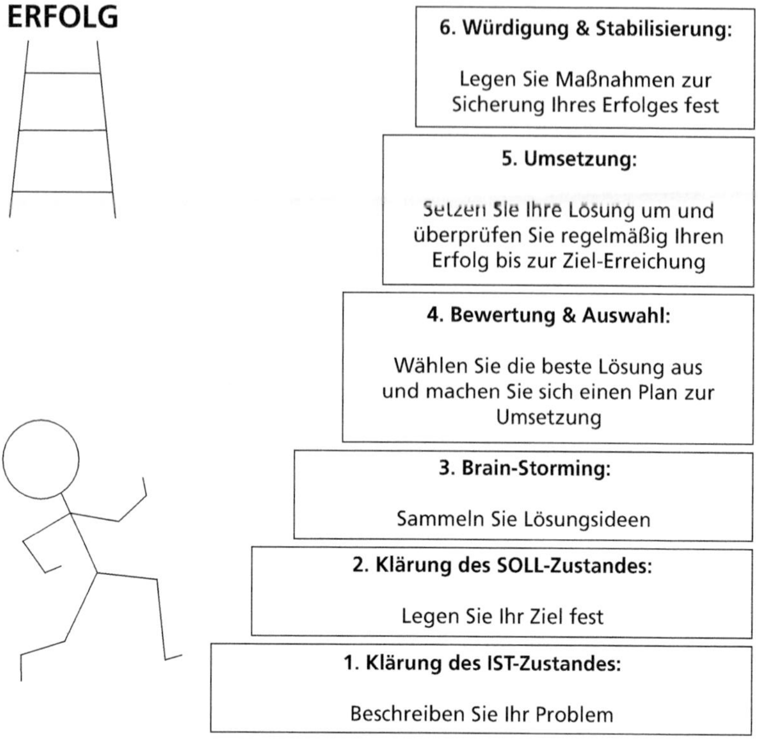

Abb. 9: Mein »Veränderungsprojekt« – ein Problem-Lösungsschema in 6 Stufen

Stufe 1: Klärung des IST-Zustandes/Problemanalyse

Im ersten Schritt geht es nun darum, das aktuelle Problem genau zu beschreiben und dem Ganzen einen Namen zu geben. Schreiben Sie dazu möglichst alles auf, was Ihnen zu Ihrem Problem einfällt. Im Folgenden finden Sie einige Fragen, die Ihnen bei der ausführlichen Problembeschreibung helfen können.

Hilfreiche Fragen zur Problemklärung

- In welchen Lebensbereichen, bei welchen Anlässen zeigt sich das Problem?
- Was genau macht das Problem aus?
- Wer außer Ihnen ist noch daran beteiligt?
- Wie genau äußert sich das Problem?
- Was davon belastet Sie am meisten?
- Wann trat das Problem zum ersten Mal auf? Hat es sich seitdem verändert? (z. B. verschlimmert, tritt häufiger auf, hat sich auf verschiedene Lebensbereiche ausgeweitet, ...)
- Was wird durch das Problem verhindert oder erschwert?
- Wie würde ein guter Bekannter (ein Angehöriger, ein Kollege, der beste Freund, ...) das Problem beschreiben?
- Welche Gründe würde ein guter Bekannter (ein Angehöriger, ein Kollege, der beste Freund, ...) zur Ursache, für das Auftreten und das Fortbestehen bzw. »Nicht-Verschwinden« des Problems angeben?
- Was ist bereits unternommen worden, um das Problem zu lösen? Aus welchen Gründen war dies nicht von Erfolg gekrönt?
- Warum ist das Problem nicht »von allein« verschwunden bzw. hat sich nicht »ausgewachsen«?
- Was wäre im Leben anders, wenn das Problem gelöst wäre? Was wäre dann möglich? Wer würde alles davon profitieren? Wer würde dadurch einen Nachteil haben? In welcher Hinsicht?

Stufe 2: Klärung des SOLL-Zustandes/Zielanalyse

Nachdem Sie ihr aktuelles Problem ausführlich beschrieben und analysiert haben, geht es nun darum zu klären »wohin die Reise gehen soll«. Die folgenden Fragen können Sie dabei unterstützen, *erreichbare* Ziele zu finden:

Fragen zur Ziel-Identifikation und -Klärung

Ziel-Bestimmung:

- Was ist Ihr Ziel? Was möchten Sie verändern bzw. erreichen?
- Bis wann möchten Sie dieses Ziel erreicht haben?

Ziel-Konkretisierung:

- Ist Ihr Ziel ein Nah- oder ein Fern-Ziel?
- Kann das Fern-Ziel in weitere Nah-Ziele unterteilt werden? In welche?
- Kann dieses Ziel in weitere Teil-Ziele unterteilt werden? In welche?
- Was ist das Ziel hinter dem Ziel?

Effekte:

- Wofür ist das wichtig?
- Was ist der kurzfristige/langfristige Zweck Ihres Ziels?
- Was würden Sie damit für sich gewinnen? Was erreichen Sie damit?
- Was genau würde sich in Ihrem Leben dadurch verändern?
- Welche Auswirkungen hätte die Ziel-Erreichung auf bedeutende Menschen in Ihrem Umfeld?

Ressourcen:

- Welche Ihrer Fähigkeiten und Stärken könnten Sie einsetzen, um Ihr Ziel zu erreichen?
- Wer kann Sie dabei unterstützen, Ihr Ziel zu erreichen?

Kosten:

- Was alles müssten Sie aufgeben/verändern, um Ihr Ziel zu erreichen?
- Was müssten Sie geben bzw. einsetzen, um Ihr Ziel zu erreichen?

Beweise:

- Woran würden Sie merken, dass Sie den ersten Schritt getan haben, der Sie Ihrem Ziel näherbringt?
- Woran würden Sie merken, dass Sie auf einem »guten Weg« sind?
- Woran würden Sie merken, dass Sie Ihr Ziel erreicht haben?

Bei der Ausformulierung von Zielen ist darauf zu achten, dass darin nicht nur ein Problem verneint (z. B.: »Ich will nicht mehr so lange wie bisher warten, bis ich die Wohnung aufräume«), sondern die erwünschte Veränderung *positiv* formuliert (z. B.: »Ich möchte in Zukunft regelmäßig meine Wohnung in Ordnung halten«) und bei Bedarf weiter *konkretisiert* wird (z. B.: »Damit meine ich, dass ich 2 × pro Woche aufräumen möchte«). In diesem Beispiel wäre die Zielklärung noch nicht abgeschlossen, da noch genau aufgelistet werden sollte, was beim Aufräumen der Wohnung denn genau getan werden soll (z. B.: Staubsaugen, Mülleimer leeren, Spülmaschine einräumen und anstellen, Fenster wischen, …).

Anschließend können Sie ihre ausformulierten Ziele noch einer letzten »gefühlsmäßigen« Überprüfung unterziehen, indem Sie sich folgende Fragen stellen:

Mein Ziel ist realistisch	JA	NEIN
Es ist mir wichtig, dass ich mein Ziel erreiche	JA	NEIN
Ich habe die notwendigen Fähigkeiten, um mein Ziel zu erreichen	JA	NEIN
Ich glaube daran, dass ich mein Ziel erreichen werde	JA	NEIN
Ich habe es verdient, mein Ziel zu erreichen	JA	NEIN

Falls Sie bei einem oder mehrere dieser Fragen innerlich mit »NEIN« antworten, dann sollten Sie ihre Ziele noch mal überdenken bzw. umformulieren.

Stufe 3: Brain-Storming/ kreatives Sammeln von Lösungsideen

In dieser Stufe gilt es, so viele Lösungs-Ideen wie möglich zu sammeln. Bei dem vorhergehenden Beispiel »Wohnung in Ordnung halten« muss also überlegt werden, mit welchen Mitteln und Methoden man erreichen kann, dass zuerst ein Raum, z. B. die Küche (= Teil-Ziel), und dann die ganze Wohnung (= übergeordnetes Ziel) regelmäßig aufgeräumt und damit in Ordnung gehalten wird. Seien Sie kreativ und sammeln Sie einfach Lösungsideen, die Ihnen in den Sinn kommen, ohne diese zu bewerten oder gar zu kritisieren (z. B.: »Ich leiste mir 1 × pro Woche eine Reinigungskraft; Ich inseriere in der Tauschbörse und biete Rasenmähen gegen Wohnungsreinigung an; Ich staubsauge jeden Abend vor der Tagesschau ein anderes Zimmer in meiner Wohnung). Notieren Sie alle Ideen, auch wenn diese Ihnen im Augenblick noch so »verrückt« oder unrealistisch erscheinen.

Selbstverständlich können Sie auch gute Freunde/Bekannte um Rat fragen. Vielleicht haben diese einen guten Tipp für Sie oder haben sogar schon selbst ein ähnliches Veränderungsprojekt erfolgreich umgesetzt. Des Weiteren sollten Sie noch überprüfen, ob Sie in der Vergangenheit schon mal ein vergleichbares Problem gelöst haben, um dann zu überlegen, welche der damals erfolgreichen Lösungsschritte auch in diesem Veränderungsprojekt angewendet werden können.

Stufe 4: Bewertung der Lösungsideen und Auswahl der besten Lösung

Um die praktikabelste und am meisten Erfolg versprechende Lösung zu finden, sollen jetzt alle gesammelten Lösungsideen einer »Sinn- und Durchführbarkeitsprüfung« unterzogen werden. Schreiben Sie zu diesem Zweck unter jedem Lösungsvorschlag die Vor- und Nachteile, zur besseren Kennzeichnung können Sie ein Plus- (+) und ein Minus-Zeichen (-) davorsetzen.

Denken Sie dabei auch an die möglichen Auswirkungen ihre Lösungsvorschläge auf andere Menschen (z. B.: Staubsaugen um 3 Uhr nachts mag für einen selbst ganz angenehm sein, wird aber alle anderen empfindlich in ihrer Nachtruhe stören).

Nachdem Sie sich nun einen Überblick verschafft sowie die Vor- und Nachteile aufgelistet haben, gilt es nun eine Entscheidung zu fällen. Folgende Kriterien können als Entscheidungshilfe bei der Wahl der individuell »besten« Lösung herangezogen werden:

Kriterien zur Auswahl von Maßnahmen zur Lösung eines Problems

Diese Lösung…

- ✓ ist zielgerichtet
- ✓ kann mit den gegebenen Ressourcen umgesetzt werden
- ✓ ist die simpelste der möglichen Lösungen
- ✓ ist die sozialverträglichste der möglichen Lösungen
- ✓ ist die ökonomischste der möglichen Lösungen

Zögern Sie auch hier nicht, Freunde oder gute Bekannte nach ihrer Meinung zu fragen. Genauso hilfreich kann es sein, wenn man sich mit seinem Anliegen an eine ADHS-Selbsthilfegruppe wendet oder in die entsprechenden Foren im Internet begibt.

Im nächsten Schritt gilt es nun, die ausgewählte Lösung weiter zu konkretisieren und einen detaillierten Maßnahmenkatalog bzw. Plan zur Zielerreichung auszuarbeiten. Dies kann beispielsweise anhand folgender Leitfragen geschehen:

Kriterien zur Ausarbeitung eines Maßnahmenkataloges

- Was möchte ich machen?
- (Bis) Wann möchte ich es machen?
- Wie lange brauche ich dafür?
- Was/Wen brauche ich dafür?

- Was muss ich noch besorgen, um meinen Plan in die Tat umzusetzen? Wie kann ich es besorgen? Wo kann ich es besorgen? Wie lange brauche ich dafür?

Gehen Sie dabei systematisch vor und überlegen Sie, ob Ihr Maßnahmenkatalog/Plan realistisch ist. Bedenken Sie in diesem Zusammenhang, dass es Sinn macht, ein »großes« Ziel in kleinere zu bewältigende *Teil-Ziele* zu untergliedern. Bei dem Beispiel »Die ganze Wohnung in Ordnung halten« empfiehlt es sich, erst mal im Kleinen anzufangen und beispielsweise zunächst nur ein Zimmer aufzuräumen. Mit zunehmender Routine und Kondition können dann nach und nach auch die restlichen Zimmer der Wohnung in Angriff genommen werden, ohne dass einem dabei »die Puste ausgeht«.

Achten Sie auch darauf, dass Sie sich bei der Lösungsfindung nicht selbst entmutigen oder »herunterziehen« (s. linke Spalte in der folgenden Tabelle), sondern stattdessen hilfreich zur Seite stehen und mental unterstützen, z. B. mittels der folgenden *positiven Sätze* (s. rechte Spalte in der folgenden Tabelle):

Schädigende Sätze	Hilfreiche Sätze
☹ Ob das wohl zu schaffen ist? ☹ Das bekomme ich im Leben nicht hin! ☹ Ich bin viel zu (schlecht, unbegabt, undiszipliniert, …), um eine Lösung zu finden! ☹ Ich bin ganz allein auf mich gestellt, um dieses Problem zu lösen – niemand kann mir dabei helfen oder mich dabei unterstützen.	☺ Wie könnte das zu schaffen sein? ☺ Was würde es möglich machen, das Problem zu lösen? ☺ Was brauche ich ganz konkret, um das Problem zu lösen? ☺ Wer oder was könnte mir dabei helfen? ☺ Wie könnte ich dieses Problem in kleine Teilschritte zerlegen? ☺ Was könnte der erste Schritt sein, diese Schwierigkeit zu überwinden?

Stufe 5: Umsetzung des Lösungsplans bis zur Ziel-Erreichung

Nachdem nun die »Reisevorbereitungen« abgeschlossen sind, kann mit der Umsetzung der beschlossenen Lösungs-Maßnahmen begonnen werden, gemäß der Aussage: »Wer den Hafen kennt, in den er segeln will, für den ist jeder Wind ein günstiger« (nach Seneca). Damit Ihnen unterwegs nicht »die Puste ausgeht«, ist es wichtig, schonend mit seinen Kraftreserven bzw. Ressourcen umzugehen: man kann sein »Pferd« nicht immer nur antreiben oder im vollen Galopp bewegen. Belohnen Sie sich schon für kleine Erfolge, loben Sie sich ausführlich und achten Sie auf Ihre Kräfte – so kommen Sie Schritt für Schritt Ihrem Ziel näher.

Tipp:

Kontrollieren Sie regelmäßig, ob sich Ihr Plan bewährt hat und Sie noch auf Ziel-Kurs sind. Wenn ja: super. Wenn nicht, dann verändern Sie Ihren Plan.

Bei Bedarf ist es auch sinnvoll, sich einen Begleiter (Freund/Freundin; Teilnehmer einer Selbsthilfegruppe; Coach/Trainer) zu suchen, der einem mit Rat und Tat zur Seite steht, bei der Umsetzung der Lösungsmaßnahmen unterstützt, einem Mut macht, an einen glaubt, (Teil-)Erfolge angemessen würdigt und diese auf »Können« und »Einsatz« zurückführt.

Zu guter Letzt – Veränderung braucht Zeit. Aus diesem Grund nützt es meist nicht, sich übermäßig zu beeilen. Stattdessen sollte man lieber mit gelassener Beharrlichkeit an die Umsetzung der beschlossenen Problemlösungen herangehen und dabei *zielfokussiert* bleiben, gemäß dem Leitsatz: »Sind auch noch so viele Steine, das Wasser findet seinen Weg« (nach Klaus Hoffmann). In der folgenden Übersicht finden Sie einige Tipps, die einem das Durchhalten erleichtern können:

Hilfreiche Maßnahmen zum Durchhalten eines Veränderungsprojekts

- Machen Sie sich klar: Man wächst an und mit seinen Lösungen
- Vergegenwärtigen Sie sich des Öfteren Ihre Stärken und Kompetenzen
- Machen Sie sich Mut mit positiven Gedanken und Selbstgesprächen
- Stellen Sie sich des Öfteren bildhaft vor, dass Sie Ihr Ziel bereits erreicht haben

Stufe 6: Würdigung & Stabilisierung des Erfolges

Wenn der aktuelle IST- mit dem zuvor definierten SOLL-Zustand übereinstimmt, dann haben Sie den Zielpunkt Ihres Veränderungsprojekts erreicht: »Herzlichen Glückwunsch!« dafür. Dies gilt es ausreichend zu würdigen – wir empfehlen Ihnen, sich dafür Komplimente zu machen, gemäß dem Leitsatz: »Eigenlob tut gut!«.

Anschließend gilt es darüber nachzudenken, auf welche Art und Weise Sie Ihr Ziel erreicht und damit das Problem gelöst haben, z. B. anhand folgender Fragen:

Fragen zur Reflektion nach Erreichung des Ziels

- Was habe ich erreicht? Wie habe ich es erreicht?
- Wovon hätte ich nicht gedacht, dass ich es beginne, durchhalte bzw. zu einem guten Abschluss bringe?
- Worauf bin ich (besonders) stolz?
- Was habe ich verändert? Wie habe ich es verändert?
- Welche Vorteile ergeben sich durch diese Veränderungen?
- Welchen Nutzen bringt mir mein derzeitiges Verhalten?

Diese Analyse der Erfolgsbedingungen ist eine wesentliche Voraussetzung dafür, um an seinen *Lösungen zu wachsen* und somit die angewendeten

Maßnahmen auch zur Bewältigung anderer Probleme bzw. zur Umsetzung weiterer Veränderungsprojekte einsetzen zu können.

Zu guter Letzt müssen nun noch Maßnahmen beschlossen werden, um den erzielten Erfolg zu bewahren. Um es bildhaft auszudrücken:

> Es reicht nicht einen Garten anzulegen. Damit dieser weiter blühen und gedeihen kann, benötigt er regelmäßig entsprechende Pflege bzw. Fürsorge.

Aus diesem Grund sollen in dieser Abschlussphase des aktuellen Veränderungsprojektes Vorkehrungen getroffen bzw. Maßnahmen beschlossen werden, um das Erreichte nachhaltig zu stabilisieren. Fragen Sie sich zu diesem Zweck: »Was muss ich alles (weiter) tun, um langfristig erfolgreich zu bleiben?«. Die so gefundenen »Erfolgsrezepte« zur langfristigen Sicherung Ihres Veränderungprojektes sollten Sie schriftlich fixieren. »Checken« Sie dann regelmäßig, ob Sie alles Notwendige zur Pflege und Bewahrung Ihres Veränderungsprojektes unternehmen.

Auf dem Arbeitsblatt 6.4 »Das Problem-Lösungsschema« auf S. 193 können Sie die wichtigsten Eckpunkte Ihres Veränderungsprojektes eintragen.

Wir wünschen Ihnen viel Erfolg bei der Bearbeitung Ihres Veränderungsprojekts!

Übersicht über die Arbeitsblätter aus Kapitel 6:

- Arbeitsblatt 6.1: Fragen, Bemerkungen und Gedanken (S. 190)
- Arbeitsblatt 6.2: Den Standpunkt klären (S. 191)
- Arbeitsblatt 6.3: Problemlösung Erfolgsgeschichten (S. 192)
- Arbeitsblatt 6.4: Das Problemlösungs-Schema (S. 193)

Arbeitsblatt 6.1: Selbstmanagement bei ADHS

Fragen, Bemerkungen und Gedanken

Bitte schreiben Sie an dieser Stelle Ihre Fragen, Bemerkungen und Gedanken auf, die durch das Lesen dieses Kapitels ausgelöst worden bzw. entstanden sind.

Arbeitsblatt 6.2: Selbstmanagement bei ADHS

Den Standpunkt klären

Aus meiner Sicht	Aus der Sicht meiner Freunde und Bekannten
Was genau ist ein »Problem«?	Was genau ist ein »Problem«?
Wofür sind Probleme eigentlich gut?	Wofür sind Probleme eigentlich gut?

Arbeitsblatt 6.3: Selbstmanagement bei ADHS

Problemlösung Erfolgsgeschichten

Überlegen Sie sich, welche Probleme Sie in Ihrem Leben bereits gelöst haben. Was hat Ihnen geholfen bei der Lösung? Welche Mittel und Wege haben Sie zur Lösung eingesetzt?

Welche Probleme habe ich in meinem Leben bereits gelöst?

Welche Mittel und Wege habe ich zur Lösung eingesetzt?

Arbeitsblatt 6.4: Selbstmanagement bei ADHS

Das Problemlöse-Schema

IST-Zustand Problemanalyse	SOLL-Zustand Zielanalyse	So schaffe ich es Mittel und Wege zur Zielerreichung

7 Anstatt eines Nachworts

Vielleicht befinden Sie sich gerade in der Planungsphase und überlegen, welche der hier vorgestellten Lösungsvorschläge Sie demnächst ausprobieren wollen.

Vielleicht sind Sie aber auch schon einen Schritt weiter und nun fest entschlossen, demnächst eine Strategie/Übung/Technik aus diesem Buch umzusetzen.

Auf jeden Fall empfehlen wir Ihnen, so schnell wie möglich mit Ihrem Veränderungsprojekt zu starten, denn: *»Es ist besser, unvollkommenen Entscheidungen durchzuführen, als beständig nach vollkommenen Entscheidungen zu suchen.«* (nach C. de Gaulle)

Tipp:

- ☑ Am besten Sie setzen sich ein konkretes Datum (z. B. Montag, den 10.10.), um zu starten.
- ☑ Nehmen Sie sich nicht alles auf einmal vor, sondern unterteilen Sie das Ganze in kleinere, machbare Etappen.
- ☑ Beginnen ist wichtig, Durchhalten genauso.
- ☑ Perfektion ist eine Illusion, Veränderung zum Besseren ist realistisch.

Bedenken Sie dabei: Der Weg zum Erfolg ist keine lange Gerade, sondern eher eine kurvenreiche Berg- und Talfahrt.

Umso wichtiger ist es, sich seine *Kräfte einzuteilen* und das »Große Ganze« in überschaubare Teilschritte aufzuteilen. Im Folgenden finden Sie eine anschauliche Anleitung zum Planen sowie Durchhalten von Veränderungsprojekten:

Der Straßenkehrer

»*Siehst du, Momo*«, sagte er dann zum Beispiel, »*es ist so: Manchmal hat man eine sehr lange Straße vor sich. Man denkt, die ist so schrecklich lang; das kann man niemals schaffen, denkt man.*«
[...]
Er dachte einige Zeit nach. Dann sprach er weiter: »*Man darf nie an die ganze Straße auf einmal denken, verstehst du? Man muss nur an den nächsten Schritt denken, an den nächsten Atemzug, an den nächsten Besenstrich. Und immer wieder nur an den nächsten.*«
[...]
Und abermals nach einer langen Pause fuhr er fort: »*Auf einmal merkt man, dass man Schritt für Schritt die ganze Straße gemacht hat. Man hat gar nicht gemerkt wie, und man ist nicht außer Puste.*«
Er nickte vor sich hin und sagte abschließend: »*Das ist wichtig.*«
(aus »Momo« von Michael Ende, 1973)

Genauso wichtig ist es, dass Sie sich regelmäßig *selbst zu loben:* Nicht nur für das erfolgreiche Erreichen von (Teil-)Zielen im Rahmen Ihres Veränderungsprojektes, sondern auch für den geleisteten Einsatz sowie den gezeigten Durchhaltewillen, *unabhängig* von dem erzielten Ergebnis. Jeder Mensch braucht *Selbstwertschätzung* und *Selbstermutigung* – deshalb wollen wir Sie dazu ermutigen, die folgenden Liebe, Kraft und Zuversicht gebenden Sätze so oft wie möglich zu sich selbst zu sagen:

Was (nicht nur) Kinderohren brauchen...

☑ Ich hab dich lieb!
☑ Ich glaub an dich!
☑ Gut gemacht!
☑ Du bist etwas Besonderes!

Selbstverständlich ist es genauso richtig, die oben aufgeführten Sätze zu sich selbst zu sagen: *»Ich habe MICH lieb!«*, *»Ich glaub an MICH!«*, *»Das habe ich (mal wieder) gut gemacht!«*, *»Ich bin was Besonderes!«*.

Denken Sie daran: Sie verdienen auf jeden Fall diese (Selbst-)Anerkennung.

Tipp:

☑ Schauen Sie nicht nur auf das Ergebnis, sondern würdigen Sie auch Ihren Willen, Ihre Anstrengung, Ihren Einsatz und Ihr Durchhaltevermögen.

Falls Sie schon einen Schritt weiter sind, d.h. bereits einzelne Lösungsvorschläge aus diesem Buch umgesetzt und damit wichtige Veränderungen in Ihrem Leben vollzogen haben, dann: *»Herzlichen Glückwunsch!«*.

Selbstverständlich sollten Sie auch in diesem Fall nicht mit *Selbstlob* sparen und sowohl Ihren Einsatz wie auch das Erreichte würdigen.

Denkaufgabe:

- Welche ihrer Leistungen möchten Sie würdigen?
- Was an Ihrem Einsatz/Ihrer Anstrengung möchten Sie loben?
- Auf was sind Sie besonders stolz?
- Wie haben Sie »Motivations-Tiefs« und »Rückschläge« überwunden?
- Wie haben Sie sich motiviert, weiterzumachen und durchzuhalten?

Genauso wichtig ist, sich zu fragen, wie man seinen Erfolg *dauerhaft* sichern kann. Überlegen Sie deshalb in diesem Zusammenhang:

Denkaufgabe:

- Wie können Sie das Erreichte beibehalten bzw. stabilisieren?
- Wie können Sie erreichen, dass das Erreichte zur Gewohnheit wird?

Falls Sie diesen Prozess der *Stabilisierung* und der *Sicherung* Ihres Erfolges bereits vollzogen haben und nun »bereit zu neuen Taten« sind, dann können Sie sich abschließend überlegen welchen neuen Zielen Sie sich ab sofort zuwenden wollen.

Denkaufgabe:

- Was gibt es noch zu erreichen? Was möchten Sie als nächstes verändern?
- Welches sind Ihre nächsten Ziele?
- Auf welche Art und Weise möchten Sie diese Ziele erreichen?
- Wer oder Was kann Sie dabei unterstützen?

Wir wünschen Ihnen auf jeden Fall alles Gute für Ihren weiteren Weg!

Übersicht Ressourcen und Selbstmanagement-Strategien

Kapitel 2: Meine Ressourcen

Problem/Anliegen	Lösungsvorschlag	Seitenzahl
Ich möchte mehr zum Thema (interne und externe) Ressourcen erfahren.	Kap. 2.1–2.5: Ressourcen	**S. 29–54**
Ich möchte mir einen Überblick über meine persönlichen internen Ressourcen verschaffen und überlegen, wie ich diese weiter ausbauen bzw. fördern kann.	Kap. 2.2.1: Meine inneren Ressourcen	**S. 32**
	▶ **Arbeitsblatt 2.2** *Was zeichnet mich aus?*	**S. 56**
	▶ **Arbeitsblatt 2.3** *Meine Gegenwarts-, Vergangenheits- und Zukunfts-Ressourcen*	**S. 57**
	▶ **Arbeitsblatt 2.4** *Meine Erfolgs-Timeline*	**S. 58**
	▶ **Arbeitsblatt 2.5** *Überblick – Meine Ressourcen*	**S. 59**
Ich möchte mir einen Überblick über meine persönlichen externen Ressourcen verschaffen und überlegen, wie ich diese weiter ausbauen bzw. Fördern kann.	Kap. 2.2.2: Meine äußeren Ressourcen	**S. 38**
	▶ **Arbeitsblatt 2.5** *Überblick – Meine Ressourcen*	**S. 59**

Kapitel 3: Selbstmanagement-Strategien zur Steigerung von Aufmerksamkeit

Problem	Lösungsvorschlag	Seitenzahl
Ich möchte mir einen Überblick verschaffen, unter welchen Bedingungen/bei welchen Gelegenheiten es mir schwerfällt, die Aufmerksamkeit auf eine bestimmte Aufgabe oder eine bestimmte Person zu halten.	Erfassung von »*Ablenkungs-Förderer und Aufmerksamkeits-Halter*« ▶ **Arbeitsblatt 3.2** *Meine Ablenkungs-Förderer und Aufmerksamkeits-Halter*	**S. 66** **S. 81**
Ich verliere oder verlege Dinge.	Die »*Alles an seinem gewohnten Platz*«-Strategie	**S. 69**
Ich bin leicht ablenkbar und habe große Schwierigkeiten, mit meiner Aufmerksamkeit bei einer Aufgabe zu bleiben.	Der »*Bin ich noch bei der Sache*«-Check ▶ **Arbeitsblatt 3.3** *Mein Aufmerksamkeits-Halter-Trainer*	**S. 71** **S. 82–83**
Ich bemerke es gar nicht, wenn ich mit meiner Aufmerksamkeit »wegdrifte«.	*Achtsamkeits-Übungen* ▶ **Arbeitsblatt 3.4** Mein *Achtsamkeitstrainer*	**S. 74** **S. 84–85**
Ich bin so vergesslich und weiß manchmal schon nachmittags nicht mehr, was ich alles am Vormittag gemacht habe.	Die »*Gedächtnisprotokoll*«-Übung ▶ **Arbeitsblatt 3.5** *Mein Gedächtnisprotokoll*	**S. 76** **S. 86**
Es fällt mir schwer, in Gesprächen aufmerksam zuzuhören und »bei der Sache« zu bleiben.	Das »*Augen zu und Ohren auf*«-Training	**S. 78**

Kapitel 4: Selbstmanagement-Strategien zur Steigerung von Selbstorganisation

Problem/Anliegen	Lösungsvorschlag	Seitenzahl
Ich möchte mir einen Überblick verschaffen, unter welchen Bedingungen/bei welchen Gelegenheiten es mir schwerfällt, Ordnung zu halten und mich selbst/meine Aufgaben auf gute Art und Weise zu organisieren.	Erfassung von »*Chaos-Stifter und Ordnungs-Halter*«	**S. 92**
	▶ **Arbeitsblatt 4.2** *Meine Chaos-Stifter und Ordnungs-Halter*	**S. 117**
Eigentlich weiß ich gar nicht so genau, welches meine WIEDERKEHRENDEN Aufgaben, Termine sowie Verpflichtungen sind.	Die »*Verschaff Dir einen Überblick*«-Strategie	**S. 96**
	▶ **Arbeitsblatt 4.3** *Meine Termin-Übersicht*	**S. 118**
Ich würde gerne weniger Termine auf meine TO-DO-Liste für den aktuellen Tag eintragen, weiß aber nicht, wie ich dies anstellen soll.	Die »*A-B-C*«-Strategie	**S. 99**
	▶ **Arbeitsblatt 4.4** *Meine A-B-C-Liste*	**S. 119**
	▶ **Arbeitsblatt 4.5** *Meine TO-DO-Liste/Was HEUTE zu SCHAFFEN ist*	**S. 120–121**
Es fällt mir schwer, überhaupt mit einer Aufgabe zu beginnen und/oder diese bis zum Schluss durchzuhalten.	Die »*Ich packe es an und bleib dabei*«-Strategie	**S. 103**
	▶ **Arbeitsblatt 4.6** *Ich packe es an und bleib dabei.*	**S. 122–123**
Routine-Aufgaben fallen mir echt schwer, da ich schnell gelangweilt bin, wenn sich etwas wiederholt.	Die »*Bring Abwechslung in deine Routine*«-Strategie	**S. 110**
Immer wenn ich mir etwas fest vorgenommen habe, fallen mir tausend »gute« Argumente ein, warum ist es lieber doch nicht tun sollte.	Die »*Entrümpeln Sie Ihre Blockade-Tasche*«-Strategie	**S. 111**

Problem/Anliegen	Lösungsvorschlag	Seitenzahl
Manchmal sieht meine Wohnung bzw. mein Arbeitsplatz so chaotisch aus, dass ich gar nicht weiß, wo ich überhaupt mit Aufräumen anfangen soll.	Die »*Schaff Dir zunächst mal eine Oase*«-Strategie	**S. 113**

Kapitel 5: Selbstmanagement-Strategien zur Steigerung von Selbstkontrolle und Selbstbeherrschung

Problem/Anliegen	Lösungsvorschlag	Seitenzahl
Ich möchte mir einen Überblick verschaffen, unter welchen Bedingungen/bei welchen Gelegenheiten es mir schwerfällt, die Selbstkontrolle/Selbstbeherrschung zu behalten.	Erfassung von »*Kontrollverlust-Förderer und Kontrolle-Halter*« ▶ **Arbeitsblatt 5.2** *Meine Kontrollverlust-Förderer und Kontrolle-Halter*	**S. 129** **S. 163**
Ich führe des Öfteren spontane und unüberlegte Einkäufe durch, die ein »Loch« in meine Haushaltskasse reißen.	Die »*Entscheidungen mit Weitblick treffen*«-Strategie ▶ **Arbeitsblatt 5.3** *Entscheidungen mit Weitblick*	**S. 132** **S. 164–165**
Mir fällt es echt schwer, das auf etwas Sparen durchzuhalten.	Die »*Mach Dir ein Bild davon*«-Strategie	**S. 138**
Ich unterbreche meine Gesprächspartner oder falle ihnen ins Wort.	Die »*Bevor ich was sage, zähl ich innerlich von 5 bis 1*«-Strategie	**S. 139**
Manchmal verletze ich andere Menschen, obwohl ich das eigentlich gar nicht will, weil ich etwas Unbedachtes sage oder tue.	Die »*Zweitsicht*«-Strategie ▶ **Arbeitsblatt 5.4** *Meine Zweitsicht-Strategie*	**S. 142** **S. 166**

Problem/Anliegen	Lösungsvorschlag	Seitenzahl
Ich kann manchmal nur schwer einschätzen, ob bei mir stimmungsmäßig alles noch »im grünen Bereich« liegt, oder ob sich meine Stimmung bereits einen »gefährlichen Siedepunkt« nähert.	Der »*Grün-Gelb-Rot*«-Check	**S. 146**
	▶ **Arbeitsblatt 5.5** *Mein Grün-Gelb-Rot-Check*	**S. 167**
	▶ **Arbeitsblatt 5.6** *Meine Grün-Gelb-Rot-Übersicht*	**S. 168**
Ich möchte mich stimmungsmäßig möglichst oft im »grünen Wohlfühlbereich« befinden, weiß aber nicht, wie ich das erreichen kann.	Die »*Alles, was mir guttut*«-Strategie	**S. 152**
	▶ **Arbeitsblatt 5.7** *Alles, was mir guttut-Wochenübersicht*	**S. 169–170**
Ich bin schnell aus der Ruhe gebracht und dann braucht es nur noch ganz wenig zum »Auszuflippen« oder »Kopflos reagieren«. Wie kann ich in Zukunft zumindest länger ruhig und besonnen bleiben?	Die »*Selbstberuhiger*«-Strategie	**S. 158**

Kapitel 6: Selbstmanagement-Strategien, um Probleme (noch besser) zu lösen

Problem/Anliegen	Lösungsvorschlag	Seitenzahl
Ich möchte meinen Standpunkt zu den Themen »Probleme« sowie »Problemmanagement« klären.	Kap. 6.1: Positionsbestimmung: Wie denke ich über »Probleme«?	**S. 172–174**
	▶ **Arbeitsblatt 6.2** *Den Standpunkt klären*	**S. 191**
Ich möchte mehr zu der Definition von »Problemen« erfahren und herausfinden, wozu Probleme eigentlich gut sind.	Kap. 6.2: Was genau ist ein »Problem« und wofür sind Probleme eigentlich gut?	**S. 175–176**

Problem/Anliegen	Lösungsvorschlag	Seitenzahl
Ich möchte mir einen Überblick über meine erfolgreichen Problem-Lösungen in der Vergangenheit verschaffen.	Kap. 6.3: Es ist noch niemand an seinen Problemen gewachsen, sondern an und mit seinen Lösungen	**S. 176–177**
	▶ **Arbeitsblatt 6.3** *Problemlösungs-Erfolgsgeschichten*	**S. 192**
Ich möchte mehr darüber erfahren, wie Probleme auf methodische Art und Weise gelöst werden können und eine einfache Anleitung zum Lösen von Problemen bekommen.	Kap. 6.4: Wie lassen sich Probleme auf methodische Art und Weise lösen?	**S. 177–178**
	Kap. 6.5: Mein Veränderungsprojekt: Ein Problem-Lösungsschema in 6 Stufen	**S. 179–189**
	▶ **Arbeitsblatt 6.4** Das Problem-Lösungsschema	**S. 193**

Online-Zusatzmaterial

Die im Buch abgedruckten Arbeitsblätter können Sie als Zusatzmaterial kostenfrei herunterladen[3]:
Link: https://dl.kohlhammer.de/978-3-17-044563-5

3 Wichtiger urheberrechtlicher Hinweis: Alle zusätzlichen Materialien, die im Download-Bereich zur Verfügung gestellt werden, sind urheberrechtlich geschützt. Ihre Verwendung ist nur zum persönlichen und nichtgewerblichen Gebrauch erlaubt. Jede Verwendung außerhalb der engen Grenzen des Urheberrechts ist ohne Zustimmung des Verlags unzulässig und strafbar. Das gilt insbesondere für Vervielfältigungen, Mikroverfilmungen und für die Einspeicherung und Verarbeitung in elektronischen Systemen.

Nützliche Adressen

ADHS Deutschland e. V.: Selbsthilfe für Menschen mit ADHS
Bundesgeschäftsstelle
Pochingerstr. 16
12157 Berlin
Tel.: 030–85605902
Fax: 030–85605970
Email: info@adhs-deutschland.de
Internet: http://www.adhs-deutschland.de/Home.aspx

Zentrales ADHS Netz
Koordination
Universitätsklinikum Köln
Robert-Koch-Str. 10
50931 Köln
Tel.: 0221–47889876
Fax: 0221–47889879
Email: zentrales-adhs-netz@uk-koeln.de
Internet: http://www.zentrales-adhs-netz.de/